Anja Kegel

Die Demokratiequalität Ungarns in vergleichender Perspektive

Diplomica Verlag GmbH

Kegel, Anja: Die Demokratiequalität Ungarns in vergleichender Perspektive.
Hamburg, Diplomica Verlag GmbH 2013

Buch-ISBN: 978-3-8428-9251-4
PDF-eBook-ISBN: 978-3-8428-4251-9
Druck/Herstellung: Diplomica® Verlag GmbH, Hamburg, 2013

Bibliografische Information der Deutschen Nationalbibliothek:
Die Deutsche Nationalbibliothek verzeichnet diese Publikation in der Deutschen
Nationalbibliografie; detaillierte bibliografische Daten sind im Internet über
http://dnb.d-nb.de abrufbar.

© Diplomica Verlag GmbH
Hermannstal 119k, 22119 Hamburg
http://www.diplomica-verlag.de, Hamburg 2013
Printed in Germany

Zusammenfassung

Dieses Buch analysiert, ob das Demokratiebarometer seinen Anspruch erfüllen kann, den Grad an Demokratiequalität in einem Land zu einem bestimmten Zeitpunkt festzustellen. Demnach müsste davon ausgegangen werden, dass dieser Demokratieindex geeignet ist, um den Wandel der Demokratiequalität in einem Land abzubilden. Zur Evaluierung des Arguments wird als Länderbeispiel Ungarn ausgewählt, weil sich infolge der Parlaments-wahlen im Jahr 2010 deutliche Veränderungen für das politische System ergeben haben, die wiederum die demokratischen Verhältnisse im Land gemindert haben.

Für die Analyse wird ein Vergleich zwischen der Aussagekraft des Messindex und vier Experteneinschätzungen zur Entwicklung der Qualität der ungarischen Demokratie ange-stellt, wobei gezeigt wird, dass das Demokratiebarometer die Veränderung der Demokra-tiequalität für das Fallbeispiel Ungarn nicht aufzeigen kann, währenddessen alle Experten darin übereinstimmen, dass die Regierung unter Premierminister Orbán die demokratische Qualität negativ beeinflusst.

Inhaltsverzeichnis

Abkürzungsverzeichnis

Abs.	Absatz
Art.	Artikel
BIP	Bruttoinlandsprodukt
bspw.	beispielsweise
CDS	*Credit Default Swap* (Kreditausfall-Swap)
et al.	et alii
EU	Europäische Union
f.	folgende
ff.	fortfolgende
Fidesz	*Fiatal Demokraták Szövetsége* (Bund Junger Demokraten)
Fn	Fußnote
GESIS	Leibniz-Institut für Sozialwissenschaften
GG	Grundgesetz für die Bundesrepublik Deutschland
IWF	Internationaler Währungsfonds
Jobbik	*Jobbik Magyarországért Mozgalom* (Bewegung für ein besseres Ungarn)
KDNP	*Kereszténydemokrata Néppárt* (Christlich-Demokratische Volkspartei)
MP	Ministerpräsident
MSZMP	*Magyar Szocialista Munkáspárt* (Ungarische Sozialistische Arbeiterpartei)
MSZP	*Magyar Szocialista Párt* (Ungarische Sozialistische Partei)
OECD	Organisation für wirtschaftliche Zusammenarbeit und Entwicklung
OSZE	Organisation für Sicherheit und Zusammenarbeit in Europa
SZDSZ	*Szabad Demokraták Szövetsége* (Bund der Freien Demokraten)
u.a.	unter anderem
usw.	und so weiter
Verf.	Verfassung
vgl.	vergleiche
vs.	versus (gegen, gegenüber)
WHO	Weltgesundheitsorganisation
z.B.	zum Beispiel

Tabellen- & Abbildungsverzeichnis

1   Einleitung

1.1   Das Demokratiebarometer und die Demokratiequalität

Die Demokratiemessung ist fester Bestandteil der vergleichenden Politikwissenschaft, wobei ein Großteil der empirischen Demokratieforschung die demokratische Qualität politischer Systeme analysiert (Abromeit 2004; Bollen 1980; Bühlmann/Merkel/Weßels 2008; Bühlmann u.a. 2008; Collier/Levitsky 2009; Fuchs 2004; Fuchs/Roller 2008; Lauth 2004; Lijphart 1999 (Kap. 16); Munck/Verkuilen 2002; Müller/Pickel 2007; Stoiber 2008). Es wird versucht zu klären, ob ein Land eine Demokratie ist oder nicht und ob ein politisches System demokratischer im Vergleich zu einem anderen ist (vgl. Hüller/Deters 2011: 202).

Prinzipiell lassen sich demokratische Systeme einerseits nach verschiedenen Demokratietypen (Gerring and Thacker 2008; Lijphart 1999; McGann 2006; Powell 2000) differenzieren, wobei die unterschiedlichen Merkmale auf ihrer eigenen Demokratiepraxis basieren, und anderseits variieren sie hinsichtlich ihrer Demokratiequalität, wohingegen ihr Demokratiegehalt[1] an bestimmten Maßstäben gemessen werden soll (vgl. Kaina 2008: 519).

Ein generelles Problem der vergleichenden Demokratieforschung besteht darin, dass es kein grundlegendes sowie überzeugendes normatives Demokratiekonzept gibt (Bühlmann et al. 2008; Hüller/Deters 2011; Kaina 2008). Damit die demokratische Qualität politischer Systeme festgestellt werden kann, ist es notwendig, dass das verwendete normative Demokratiekonzept sich gegen andere behaupten kann (vgl. Hüller/Deters 2011: 204). Diese essentielle Voraussetzung wird jedoch durch den normativen Pluralismus erschwert, weil es sich bei vielen normativen Ansätzen um umstrittene Konzepte (Gallie 1956) handelt, welche aus nachvollziehbaren Gründen auf verschiedene Art und Weise interpretierbar sind (ebd.: 204). Daher sind in der vergleichenden Demokratieforschung viele verschiedene, teilweise gegensätzliche normative Konzepte vorhanden, worauf wiederum verschiedene, teilweise unvereinbare Institutionalisierungsformen sowie Indikatorensysteme der empirischen Forschung folgen (Cunnigham 2002; Schmidt 2006, Hüller/Deters 2011).

Bei der Konzeptbestimmung von Demokratie ist insbesondere der angemessene Umgang mit der normativen Komplexität von Demokratie entscheidend (vgl. Hüller/Deters 2011:

---

[1] Bei der Bestimmung des Demokratiegehalts von etablierten demokratischen Systemen muss in jedem Fall beachtet werden, dass die Idee, die Demokratiequalität zu messen, eine Übertreibung bzw. Überspitzung darstellt, denn in der Praxis existiert keine maximale Demokratie.

205). Hierbei können einfache von mehrdimensionalen oder komplexen Bewertungsmaß-
stäben unterschieden werden (ebd.: 205). Während die meisten bislang veröffentlichten
Messindizes an das Polyarchy-Konzept von Dahl (1971) anknüpfen und auf mehrdimensionalen Konzepten basieren (Coppedge/Alvarez/Maldonato 2008), erkennen wenige andere die Möglichkeit für Tradeoffs zwischen den Grundwerten Freiheit und Gleichheit
(Bühlmann et al. 2008 und 2011; Ganghof/Stecker 2009).

Die Suche nach einem geeigneten Demokratiekonzept ist zwar nicht das einzige Problem
der vergleichenden Demokratieforschung, auch die Anwendung bzw. die Umsetzung des
normativen Konzepts an einem bestimmten Forschungsgegenstand kann sich als schwierig
erweisen (vgl. Hüller/Deters 2011: 206). Insbesondere bei der Operationalisierung des
Demokratiekonzeptes können sich zwischen dem normativen Ansatz und den in der Messung angewendeten Messkriterien folgenschwere Probleme ergeben (ebd.: 206). Ein Beispiel in diesem Zusammenhang ist, wenn bei der Operationalisierung das Maß an Realisie-
rung hinsichtlich bestimmter fester Institutionalisierungsformen[2] gemessen wird, z.B. die
,Komponenten' beim Demokratiebarometer von Bühlmann et al. (2011).

Dennoch ist die Bestimmung des normativen Demokratiebegriffs seit Jahrzehnten Thema
der empirischen Demokratieforschung (Gallie 1956; Dahl 1989; Sartori 2006). Um überhaupt erklären zu können, ob ein Staat demokratisch ist oder nicht bzw. ob er mehr oder
weniger demokratisch ist, verlangt vorher eine genaue Definition, was unter dem Begriff
Demokratie verstanden wird (vgl. Hüller/Deters 2011: 208). Allerdings ist diese normative
Begriffsbestimmung innerhalb der empirischen Forschung umstritten. Lauth (2004) sowie
Müller und Pickel (2007) beschreiben diesen Zustand damit, dass eine theoretische Unei-
nigkeit über das richtige Demokratiekonzept vorliegt (vgl. Lauth 2004; Müller/Pickel
2007: 517). Die Kontroverse erstreckt sich über mehrere Dimensionen, wie beispielsweise
wesentliche normative Standards sowie Institutionalisierungsformen (Hüller/Deters 2011:
208f.).

In diesem Zusammenhang beabsichtigt das Demokratiebarometer die Schwäche anderer
Messindizes, deren Demokratiekonzept zu minimalistisch sei, zu vermeiden, indem es auf
einem Konzept mittlerer Reichweite basiert, wobei angenommen wird, dass demokratische
Systeme darauf abzielen, ein Gleichgewicht zwischen den interdependenten Werten Frei-

---

[2] Direktdemokratische Verfahren kann man beispielsweise mit Wahlen gleichsetzen, denn sie erfüllen ähnliche normative Funktionen (vgl. Hüller/Deters 2011: 206). Sollten in einem Messkonzept nur die Wahlen
berücksichtigt werden, dann vernachlässigt man Systeme mit ausgeprägter Direktdemokratie wie beispielsweise die Schweiz (ebd.: 206). Auf weitere Schwächen und Stärken des Demokratiebarometers wird
in dieser Arbeit in Abschnitt 3.2 genauer eingegangen.

heit und Gleichheit mithilfe der demokratieinhärenten Dimension der Kontrolle herzustellen (vgl. Bühlmann et al. 2011: 4). Vom Demokratiebarometer wird erwartet, dass es den Grad an Demokratiequalität in einem Land zu einem bestimmten Zeitpunkt feststellen kann (ebd.: 16f.). Demnach sollte dieser Demokratieindex die Entwicklung bzw. den Wandel in der Demokratiequalität eines Landes erfassen können. Bei genauer Betrachtung von Design und Operationalisierung des Messkonzepts fällt jedoch auf, dass hundert Indikatoren wahrscheinlich zu viele sind, um die demokratische Qualität in einem Land zu bestimmen. Mehr noch ist an der umgekehrten theoretischen Deduktion zu bezweifeln, ob ein Ableitungszusammenhang zwischen den normativen Grundprinzipien des Messkonzeptes und beliebig ausgewählten Institutionalsierungsformen besteht (vgl. Hüller/Deters 2011: 207).

Das vorliegende Buch schließt an dieser Stelle an, indem sie die Frage stellt, wie geeignet das Demokratiebarometer ist, um den Wandel der Demokratiequalität in einem bestimmten Land abzubilden. Als Fallbeispiel dient Ungarn, um festzustellen, ob das Demokratiebarometer diesen Anspruch erfüllt. Es wird angenommen, dass sich die ungarische Demokratie seit den Parlamentswahlen und dem Regierungswechsel 2010 verändert und sich dabei die Qualität der Demokratie insgesamt verschlechtert hat. Denn mithilfe der qualifizierten Mehrheit ist der Fidesz befähigt, alleine Gesetzes- und Verfassungsänderungen zu verabschieden, um die eigene Machtposition zu stärken und gleichzeitig andere Vetopunkte im politischen Systems Ungarns zu schwächen. Anhand dieser Prämissen ergeben sich die beiden folgenden Thesen:

Hypothese 1: Das Demokratiebarometer kann den Wandel der Demokratiequalität in Ungarn nicht abbilden, weil insgesamt zu viele Indikatoren enthalten sind und die Auswahl der Indikatoren zu ungenau ist.

Hypothese 2: Während das Demokratiebarometer die Entwicklung der Demokratiequalität in Ungarn nicht abbilden kann, ist die Wahrscheinlichkeit höher, dass anhand der Experteneinschätzungen deutlich wird, dass die gegenwärtige Exekutive einen negativen Einfluss auf die Qualität der Demokratie hat.

Zur Beantwortung der Fragestellung werden die unstandardisierten Daten für die Indikatoren des Demokratiebarometers im Zeitraum von 2008 bis 2012 generiert und anschließend miteinander verglichen, um herauszufinden, an welchen Indikatoren die Veränderungen in der Qualität der ungarischen Demokratie erkennbar sind und ob das Demokratiebarometer seinem Anspruch gerecht wird, den Wandel der Demokratiequalität zu veranschaulichen.

Die Analyse der Ergebnisse zeigt, dass das Demokratiebarometer u.a. aufgrund seines Designs nicht die Entwicklung der ungarischen Demokratie abbilden kann. Bereits die Auswahl der Indikatoren ist als problematisch zu bewerten, weil sich viele Indikatoren als nicht trennscharf erwiesen haben. Ebenfalls wird deutlich, dass die Umsetzung selbstgewählter formaler Kriterien verfehlt wird.

Die Analyse der vier Experteneinschätzungen im Vergleich zu den Ergebnissen der empirischen Analyse beim Demokratiebarometer hingegen veranschaulicht, dass alle vier Experten darin übereinstimmen, dass sich die ungarische Demokratiequalität seit dem Regierungswechsel 2010 insgesamt negativ verändert hat und vor allem die Regierung unter Orbán die ungarische Demokratie nachteilig beeinflusst.

1.2   Die Struktur der Arbeit

Dieses Buch ist wie folgt gegliedert: Zunächst veranschaulicht Kapitel 2, warum sich Ungarn als Länderbeispiel zur Evaluierung des Arguments eignet. Dabei werden die institutionellen Elemente des politischen Systems, der Einfluss ökonomischer Faktoren sowie der politische Wandel seit den Parlamentswahlen 2010 erläutert. Kapitel 3 beschäftigt sich mit der theoretischen Analyse des Demokratiebarometers, wobei das Demokratiekonzept, die Ausgestaltung sowie Vor- und Nachteile des Messindex vorgestellt werden. Anschließend beantwortet Kapitel 4 anhand der empirischen Ergebnisse zur Verlängerung der Indikatoren die zentrale Frage dieser Arbeit, ob das Demokratiebarometer den Wandel der Demokratie in Ungarn abbilden kann. Kapitel 5 vergleicht die Standpunkte der Experten mit den Ergebnissen zur Verlängerung der Indikatoren hinsichtlich der Entwicklung der demokratischen Qualität in Ungarn. Abschließend diskutiert Kapitel 6, welche Implikationen sich aus den empirischen Ergebnissen ergeben.

2   Der Wandel der Demokratiequalität in Ungarn

In den Parlamentswahlen 2010 konnte die national-konservative Partei Fidesz eine Zwei-drittelmehrheit erlangen. Seitdem ist in Ungarn ein politischer Wandel erkennbar, der auch die demokratische Qualität dieses Landes beeinflusst. Ziel dieser Arbeit ist es festzustellen, ob das Demokratiebarometer den Wandel der demokratischen Qualität in Ungarn abbilden kann, doch bevor eine empirische Analyse zum Messindex erfolgt, wird in diesem Kapitel verdeutlicht, warum Ungarn als Länderbeispiel zur Evaluierung des Arguments geeignet ist. Hierfür wird in Abschnitt 2.1 auf die institutionellen Elemente des ungarischen, politi-schen Systems eingegangen, bevor unter 2.2 ökonomische Faktoren sowie ihr Einfluss auf den politischen Wandel des Landes beschrieben werden. Anschließend geht es in Abschnitt 2.3 um die wesentlichen Veränderungen im politischen System nach den Parlamentswah-len 2010 und die daraus folgenden Implikationen für die ungarische Demokratie.

2.1   Das politische System Ungarns

Das parlamentarische Regierungssystem Ungarn ist ein Einkammersystem mit einer zwei-geteilten Exekutive, wobei die Regierung (Neue Verf. Art. 16) sowie der Präsident als Staatsoberhaupt (Neue Verf. Art. 10) vom Parlament gewählt werden. Die Regierung ist dem Parlament gegenüber durch das Vorhandensein eines konstruktiven Misstrauensvo-tums verantwortlich (Neue Verf. Art. 21 Abs.1), umgekehrt besteht für den ungarischen MP die Möglichkeit, die Vertrauensfrage zu stellen, auch in Verbindung mit einer Sachfra-ge (Neue Verf. Art. 21 Abs. 3-4).

Von besonderer Bedeutung ist die Zweidrittelmehrheit bei Beschlüssen in vielen Gesetz-gebungsbereichen sowie bei Verfassungsänderungen (Körösényi/Fodor 2004: 327). Da die ungarische Verfassung keinen unveränderlichen Verfassungskern[3] enthält, soll ihre Stabili-tät dadurch gesichert werden, dass Verfassungsänderungen nur mit einer Zweidrittelmehr-heit im Parlament möglich sind (ebd.: 327). Außerdem fördert sie eine ungewöhnlich breite Konsensbedürftigkeit und wirkt sich somit positiv auf den Minderheitenschutz aus, weil das Erfordernis der Zweidrittelmehrheit für die parlamentarische Opposition ein indirektes

---

[3] Im deutschen Grundsetz bspw. ist die Ewigkeitsgarantie bzw. Ewigkeitsklausel verankert, wonach be-stimmte Verfassungsprinzipien auf ewig nicht modifiziert werden sollen (vgl. GG Art. 79 Abs. 3).

Vetorecht darstellt (vgl. ebd.: 327f.). Die Zweidrittelmehrheit soll auch als ein wichtiges institutionelles Element zur Begrenzung der Macht dienen, weil Regierung und Opposition gemeinsam Entscheidungen treffen müssen, welche sich auf die Grundlagen des Rechtsstaats und der liberalen Demokratie beziehen (vgl. Magyar 2011: 94).

Zu den wichtigen Akteuren im politischen System zählen das Parlament einschließlich Regierung und Ministerpräsident, der Staatspräsident sowie das Verfassungsgericht. Im Folgenden wird auf die Ausgestaltung sowie die Aufgaben, die die Akteure erfüllen sollen, eingegangen.

Ins ungarische Parlament werden 386 Abgeordnete für eine Dauer von vier Jahren gewählt[4] (vgl. Merkel 2010: 370). Zu den Funktionen des Parlaments gehören u.a. die Gesetzgebung, das Haushaltsrecht, die Bestellung mehrerer hoher Staatsämter und die Kontrolle der Regierung (ebd.: 370). Es gliedert sich in Plenum[5], Präsidium, Fraktionen, Ausschüsse, Unterausschüsse sowie die Abgeordneten als individuelle Akteure (vgl. Dieringer 2009: 196). Eine entscheidende Rolle nehmen die ständigen Ausschüsse im Gesetzgebungsprozess ein, weil sie im Plenum auch Gesetzesentwürfe einbringen können (Körösényi/Fodor 2004: 333). Ebenso können Untersuchungsausschüsse eingesetzt werden, welche für die Opposition eine Möglichkeit darstellen, um die Regierungstätigkeit zu kontrollieren (ebd.: 333). Weitere Kontrollinstrumente der Opposition sind das Interpellationsrecht und die Fragestunden, bei denen Abgeordnete ihre Anfragen an Regierungsmitglieder richten dürfen (ebd.: 334). Auch dem Parlament stehen verschiedene Kontrollinstrumente zu, wie bspw. der Rechnungshof (ebd.: 334) oder der Ombudsmann für Grundrechte[6] (Neue Verf. Art. 30). Anfangs sind Fraktionen eine relativ neue Institution im ungarischen Parlamentarismus und daher intern auch schlecht organisiert, aber im Laufe der

---

[4] Infolge einer Wahlrechtsreform, deren Änderungen bei den Parlamentswahlen 2014 wirksam werden, verringert sich die Anzahl an Parlamentssitzen von 386 auf 199 (vgl. Bozóki 2011: 80).

[5] Im ungarischen Parlamentarismus ist das Plenum von besonderer Bedeutung, denn es ähnelt stark einem Redeparlament, d.h. die parlamentarische Hauptarbeit findet in der Vollversammlung der Abgeordneten statt (vgl. Dieringer 2009: 202). Insbesondere ist die Debatte als Konsensfindungsinstrument bei den Zweidrittelgesetzen notwendig (ebd.: 202).

[6] Der Ombudsmann für Grundrechte soll eine unabhängige Institution darstellen, der die Verletzung der Grundrechte in privaten oder staatlichen Einrichtungen sowie Behörden untersucht und die Betroffenen, die Öffentlichkeit und andere Behörden über seine Ergebnisse informiert (vgl. Körösényi/Fodor 2004: 334). Beim Ombudsmann kann jeder Bürger eine Beschwerde einbringen (ebd.: 334). Er wird mit einer Zweidrittelmehrheit aller Parlamentsabgeordneten für sechs Jahre gewählt (ebd.: 334). Infolge des Regierungswechsels 2010 ist das Amt des Ombudsmann für Grundrechte mit einem Fidesz-Anhänger besetzt worden (vgl. Bozóki 2011: 79; Halmai 2011: 153).

Verstetigung und Stabilisierung des Parteiensystems sind Fraktionen[7] sowie die Fraktions-
disziplin immer größer geworden (vgl. Dieringer 2009: 208).

Kennzeichnend für das parlamentarische Regierungssystem Ungarns ist eine starke Exekutive, in der das Regierungskabinett dominiert (vgl. Merkel 2010: 395). Zur Regierung gehören der Ministerpräsident und die Minister (vgl. Dieringer 2009: 229). Die Kabinettssit-
zung wird vom MP geleitet (ebd.: 253). Obwohl die Entscheidungsfindung dem Mehr-
heitsprinzip in einem formalen Abstimmungsprozess unterliegt, fasst der MP die Diskussion zusammen und entwickelt einen Lösungsvorschlag, der meistens angenommen wird
(ebd.: 253). Der MP bezieht seine Legitimation durch die Parlamentswahl und ist somit
hinsichtlich der institutionellen Quelle seiner Macht sowie der Legitimationskette dem
Präsidenten gleichgestellt (ebd.: 239). Zwar verfügt der MP nicht über eine verfassungsrechtlich sanktionierte Richtlinienkompetenz, trotzdem bestimmt er die Richtlinien der
Politik (ebd.: 240). Aus diesem Grund ist die Stellung des MP im Kabinett unmittelbar an
die Führerschaft in der entsprechenden Regierungspartei gebunden (ebd.: 241f.). Im Zuge
der Polarisierung des politischen Lebens und des daraus resultierenden Populismus entsteht
eine Zuspitzung auf den politischen ‚Leader[8]‘, an den die Strategien des jeweiligen politischen Lagers individuell angepasst werden (ebd.: 251). Auch Ilonszki und Olson (2011)
argumentieren in diesem Zusammenhang, dass politische Führungspersönlichkeiten in mit-
tel- und osteuropäischen Ländern die Ergebnisse der Wahlresultate sind und sich ihre Bedeutung aus ihren Ämtern ergibt[9] (vgl. Ilonszki and Olson 2011: 118). Die starke Stellung
und Stabilität der Regierung kann einerseits durch das konstruktive Misstrauensvotum kontrolliert werden und andererseits verfügt auch das Verfassungsgericht über eine vorbeu-
gende und ex post Normenkontrolle, wodurch die starke Regierung konstitutionell beschränkt wird (vgl. Merkel 2010: 395).

Der Staatspräsident kann als mittelstark eingestuft werden (vgl. Merkel 2010: 370). Er
wird für die Amtsdauer von fünf Jahren vom Parlament gewählt (Neue Verf. Art. 10) und
eine Amtsenthebung ist bei schwerwiegenden Verstößen durch Beschluss des Verfas-

---

[7] Die Polarisierung des Parteiensystems ist dafür verantwortlich, dass Fraktionswechsel zur anderen Seite
beinahe unmöglich sind (vgl. Dieringer 2009: 208). Sich während der extremen Polarisierung der Frakti-
onsdisziplin zu entziehen bedeutet, sich dem Vorwurf des Verrats oder Komplotts mit dem politischen
Gegner auszusetzen (ebd.: 208f.).
[8] Bereits in der Legislaturperiode von 1998 bis 2002 wird deutlich, dass sich Viktor Orbáns Rolle als politischer ‚Leader‘ weit stärker vom Charisma des Einzelnen ableitet (vgl. Dieringer 2009: 252). Sein Herr-
schaftssystem ist Ergebnis der bewussten Auffüllung des Machtvakuums des rechten Lagers und dessen
Führung überdeckt mangelnde Kohärenz, ohne sie zu beseitigen (ebd.: 252).
[9] Die derzeitige Amtszeit von Orbán ähnelt einer Situation, in der eine Person mehr zu verkörpern scheint als
sein Amt tatsächlich beinhaltet (vgl. Ilonszki and Olson 2011:119).

sungsgerichts möglich (vgl. Dieringer 2009: 168). Seine Aufgaben umfassen u.a. die höchste Repräsentation des Staates in In- und Ausland, umfangreiche Ernennungsbefugnisse (Neue Verf. Art. 9 Abs. 4 a-e) sowie Oberbefehlshaber der Ungarischen Armee (Neue Verf. Art. 9 Abs. 2). Kennzeichnend für den ungarischen Präsidenten ist, dass er über Handlungsoptionen verfügt, die weit über repräsentative oder symbolische Aufgaben hinausgehen (vgl. Dieringer 2009: 169; Körösényi/Fodor 2004: 329; Merkel 2010: 370). Im Vergleich zum deutschen Bundespräsidenten besitzt der ungarische Präsident gegenüber dem Parlament weitaus mehr Befugnisse, z.B. die Teilnahme an Sitzungen des Parlaments und die Option politische Reden zu halten (Neue Verf. Art. 9 Abs. 3b), die Möglichkeit Gesetze zu initiieren (Neue Verf. Art. 9 Abs. 3c), Volksabstimmungen auf Landesebene anzuregen (Neue Verf. Art. 9 Abs. 3d) und ein verfassungsrechtliches[10] sowie suspensives[11] Vetorecht gegenüber dem Parlament (Neue Verf. Art. 9 Abs. 3i). Auf den zweiten Blick ist das suspensive bzw. politische Veto nur wenig wirksam, weil das Parlament den Gesetzestext im zweiten Anlauf dennoch annehmen kann, ohne dass eine qualifizierte Mehrheit erforderlich ist (vgl. Dieringer 2009: 169).

Nach deutschem Vorbild wird ein starkes Verfassungsgericht eingerichtet (vgl. Körösényi/Fodor 2004: 327). Mit der Schaffung des Verfassungsgerichts wird das Prinzip der Rechtsstaatlichkeit und Verfassungsmäßigkeit staatlichen Handelns festgeschrieben[12] (vgl. Dieringer 2009: 277). Laut der Neuen Verfassung besteht das Verfassungsgericht aus fünfzehn Verfassungsrichtern, die für zwölf Jahre mit einer Zweidrittelmehrheit vom Parlament gewählt werden (Neue Verf. Art. 24 Abs. 4). Im Gegensatz zum deutschen Verfassungsgericht verfügt die ungarische Variante über einflussreichere Kompetenzen und ist daher ein wichtiger Akteur im politischen System (vgl. Merkel 2010: 371). Zahlreiche oberste Staatsorgane können das Verfassungsgericht ex post zur Normenkontrolle sowie zur vorbeugenden Normenkontrolle noch während des Gesetzgebungsprozesses anrufen (ebd.: 371). In Hinblick auf die konfrontative politische Kultur erweist sich das Verfassungsgericht immer mehr als Schiedsrichter, das Blockaden im politischen System auflöst (vgl. Dieringer 2009: 290).

---

[10] Der Präsident kann aus rechtlichen Gründen Gesetze ans Verfassungsgericht übersenden, damit sie auf ihre Verfassungsmäßigkeit hin überprüft werden (vgl. Körösényi/Fodor 2004: 329).

[11] Ebenso hat der Präsident das Recht, Gesetze zur Beratung und erneuten Beschlussfassung ans Parlament zurückzusenden (vgl. Merkel 2010: 370).

[12] Seine Tätigkeit nimmt das ungarische Verfassungsgericht zum 1. Januar 1990 auf (vgl. Dieringer 2009: 282).

Die Ausgestaltung des Wahl- und Parteiensystems beeinflusst das politische System Ungarns und wird daher im Folgenden umschrieben. Das ungarische Wahlsystem ist „far too complex to described here" (Lijphart 1992: 221; Merkel 2010: 371; Nohlen/Kasapović 1996: 125), daher werden nur einige Grundzüge[13] zusammengefasst vorgestellt. Nohlen und Kasapović (1996) zufolge handelt es sich um ein kompensatorisches Wahlsystem, bei dem mit unterschiedlichen Auszählungsverfahren Elemente der absoluten Mehrheits- und Verhältniswahl miteinander kombiniert werden (vgl. Merkel 2010: 371). Laut Wahlgesetz hat jeder Wähler zwei Stimmen, wobei die Erststimme für einen Abgeordneten im Einerwahlkreis und die Zweitstimme für die Partei abgegeben wird (vgl. Körösényi/Fodor 2004: 343). Die Komplexität des ungarischen Wahlsystems wird u.a. daran deutlich, dass die Kandidaten auf drei verschiedenen Wegen ein Parlamentsmandat erhalten können (ebd.: 343). Nach dem absoluten Mehrheitswahlrecht werden 176 Sitze[14] in Einerwahlkreisen vergeben, 152 Sitze werden nach Verhältniswahl in zwanzig Mehrpersonenwahlkreisen verteilt und weitere mindestens 58 Mandate werden nach einem nationalen kompensatorischen System über Landeslisten zugeteilt (ebd.: 343). Außerdem existiert eine Fünf-Prozent-Sperrklausel für die gültigen Regionallistenstimmen, eine Zehn-Prozent-Sperrklausel für Wahlbündnisse aus zwei Parteien und eine Fünfzehn-Prozent-Sperrklausel für Mehrparteienwahlbündnisse (ebd.: 343).

Einerseits bewirkt das ungarische Wahlsystem starke Disproportionalitätseffekte zwischen Wählerstimmen und Parlamentsmandaten, wodurch insbesondere starke Parteien bevorteilt werden (vgl. Merkel 2010: 371). Und andererseits führen das Mehrheitswahlsystem sowie die Fünf-Prozent-Sperrklausel zu einem Konzentrationseffekt, welcher die Anzahl der Parteien im Parlament reduziert und der durch den Disproportionalitätsbonus begünstigten, stärksten Partei zu einer regierungsfähigen Mehrheit verhilft (ebd.: 371).

Das ungarische Parteiensystem erlangt nach der Systemtransformation zwar verhältnismäßig schnell Stabilität, dennoch entwickelt sich eine bipolare Struktur (vgl. Bos 2011: 47). Seit den Parlamentswahlen 1998 ist das Parteiensystem[15] durch eine dominierende große

---

[13] Bei der Beschreibung des ungarischen Wahlsystems wird an dieser Stelle nur auf wesentliche Regelungen des alten Wahlgesetzes eingegangen, weil die Parlamentswahlen 2010 noch nach diesem Gesetz abgehalten worden sind.

[14] Es gibt zwei Wahlgänge in den Einerwahlkreisen, wobei ein Kandidat im ersten Wahlgang die absolute Mehrheit der abgegebenen Stimmen erlangen muss, um ein Mandat zu erhalten (vgl. Körösényi/Fodor 2004: 343). Da dies nur selten der Fall ist, können diejenigen Kandidaten, die mindestens fünfzehn Prozent der Stimmen erhalten, am entscheidenden zweiten Wahlgang teilnehmen (ebd.: 343).

[15] Die Entstehung des Grabens zwischen den beiden Blöcken Links und Rechts ist nach Dieringer (2009) das Ergebnis einer langjährigen Entwicklung (vgl. Dieringer 2009: 143). Die Verwandlung in ein bipolares

Partei auf der linken sowie rechten Seite des Parteienspektrums gekennzeichnet (ebd.: 47). Die Konfliktlinie national vs. kosmopolitisch ist nicht nur tief in der politischen Kultur[16] verankert, sondern strukturiert auch primär das Parteiensystem (vgl. Dieringer 2009: 148f.). Umgekehrt verdeutlicht die Bipolarisierung des Parteiensystems die Verfestigung der Lager national vs. international[17] (ebd.: 149). Infolge der Wahlen 2002 verschärft sich die Situation zwischen den beiden Lagern, wodurch sie sich letztendlich noch unversöhnlicher gegenüberstehen (vgl. Bos 2011: 48). Den Höhepunkt erreicht die Auseinandersetzung nach den Wahlen 2006, als eine Rede von MP Gyurcsány veröffentlich wird, in der er vor den Mitgliedern der MSZP-Fraktion zugibt, die Wähler während des Wahlkampfes angelogen zu haben (ebd.: 48). Daraufhin kommt es zu einer Welle von Protestaktionen und gewalttätigen Auseinandersetzungen zwischen Demonstranten und der Polizei (ebd.: 49). Die Art und Weise der politischen Kontroverse wird mehr und mehr konfrontativer, Repräsentanten des linken sowie rechten Lagers verwenden zunehmend populistische Schlagwörter (ebd. 49). Während die Fidesz die MSZP und ihre Politik als illegitim bezeichnet, wird die rechte Seite vom Großteil der Sozialisten und Liberalen als antidemokratisch eingestuft (ebd.: 49). Der politische Gegner gilt als ‚totaler Feind' und Politik wird als Nullsummenspiel interpretiert, wodurch die politische Auseinandersetzung auf ein ‚wir oder sie' hinausläuft (ebd.: 50). Für das linke Lager geht es seit den Wahlen 2002 um das Überleben der Demokratie, umgekehrt nimmt das rechte Lager an, dass die Rettung der Nation im Mittelpunkt steht (ebd.: 50). Hass auf den politischen Gegner sowie Exklusion sind generell unvereinbar mit den Grundwerten demokratischer Systeme[18] (ebd.: 50). Die demokratischen Institutionen werden geschwächt, indem beteiligte Akteure politische Entscheidungsprozesse aus den verfassungsrechtlich legitimierten Institutionen verlagern und parlamentarische Rechte ignorieren[19], wodurch weite Teile der Gesellschaft sowie der Eliten nur noch die Zustimmung zu demokratischen Regeln nachahmen (ebd.: 50f.).

Parteiensystem vollzieht sich in der Legislaturperiode 1994-1998 mit der Wanderung des Fidesz, wodurch der liberale Block gesprengt wird (ebd.: 143).

[16] Vor allem die rechte Seite des politischen Spektrums verfolgt eine Kultur der Ausgrenzung, die sich in einem starken Antikommunismus, teilweise offenen Antisemitismus und der Ausgrenzung der Roma zeigt (vgl. Dieringer 2009: 320).

[17] Auf der rechten Seite befinden sich Fidesz und KDNP, während auf der linken Seite MSZP und SZDSZ stehen, wobei der Fidesz eher nationale Interessen betont (vgl. Dieringer 2009: 149).

[18] Ein Grundkonsens über die demokratischen Werte und Verfahren sowie gegenseitiges Vertrauen trägt maßgeblich zum Funktionieren des demokratischen Wettbewerbs zwischen unterschiedlichen Elitegruppen bei (vgl. Bos 2011: 50).

[19] Gyurcsány nutzt 2009 auf fragwürdige Art und Weise das parlamentarische Recht des Regierungssturzes, um einen Amtswechsel des Regierungschefs zu ermöglichen, ohne dabei den Staatspräsidenten einzubinden, indem er gegen sich selbst ein konstruktives Misstrauensvotum herbeiführt (vgl. Dieringer 2009: 9).

Die Parlamentswahlen 2010 wiederum sind der Auslöser für eine Umgestaltung des Parteiensystems (ebd.: 51). Während der Fidesz alleine zur dominierenden Kraft[20] wird, zieht
auch die rechtsextremistische Partei Jobbik mit ins Parlament ein (ebd.: 51).

2.2   Ökonomische Faktoren und ihr Einfluss auf den politischen Wandel

Inwiefern haben ökonomische Faktoren und die wirtschaftliche Entwicklung Ungarns den
politischen Wandel in Ungarn beeinflusst? Seit 2002 hat Ungarn noch immer mit den Folgen der katastrophalen Staatsverschuldung, der fehlgeleiteten Wirtschaftspolitik und dem
Ignorieren von notwendigen Reformen der Sozialsysteme zu kämpfen (vgl. Richter 2011:
218). Darüber hinaus haben unzureichende Staatseinnahmen erheblich zur Schwächung
des ungarischen Staatshaushalts beigetragen (vgl. Ehrke 2007: 12). Nach den Parlamentswahlen 2006 ist das Haushaltsdefizit mit über 10 Prozent sogar das höchste innerhalb der
EU und infolge vieler Jahre der Schuldenpolitik muss die Regierungskoalition MSZP-
SZDSZ mit Reformen reagieren (vgl. Richter 2011: 218). Somit sieht sich die Regierung
gezwungen, den Staatshaushalt zu sanieren, wodurch wiederum der Wachstumsprozess
gestoppt wird (vgl. Ehrke 2007: 12). Zwar kann mithilfe eines Sparpakets das Haushaltsdefizit bis 2008 auf unter vier Prozent gesenkt werden, aber den Hauptteil der Lasten hat die
breite Öffentlichkeit zu tragen (vgl. Richter 2011: 219). Insbesondere die Anhebung des
Mehrwertsteuersatzes von 15 auf 20 Prozent führt zu Preissteigerungen bei Lebensmitteln
sowie bei Strom, Gas und Wasser (ebd.: 219).

Obwohl sich bis Mitte des Jahres 2008 wieder ein Aufschwung andeutet, wird diese Erwar-
tung durch die internationale Finanzkrise unterbrochen (ebd.: 220). Nachdem im Oktober
2008 der Wechselkurs des ungarischen Forint extremen Schwankungen ausgesetzt ist,
bricht der Markt für ungarische Staatsanleihen ein und die Prämien der Kreditausfallversi-
cherungen für ungarische Staatsanleihen steigen schnell an (ebd.: 220). Ein Staatsbankrott
kann nur durch ein Hilfspaket über 20 Milliarden Euro, welches der IWF, die EU[21] und die
Weltbank bereitstellen, verhindert werden (ebd.: 220). Die Bedingung, die der IWF für die
Bereitstellung der Hilfspakets fordert, ist die Senkung des Haushaltsdefizits auf 2,6 Prozent des BIP im Jahr 2009 (ebd.: 220). Aber die Inlandsnachfrage ist zu diesem Zeitpunkt

---

[20] Zwar gewinnt der Fidesz in einem Parteienbündnis die Parlamentswahlen 2010, aber die KDNP ist seit
2006 mit der Partei und Fraktion des Fidesz verbunden und verliert somit ihre Selbstständigkeit (vgl.
Kiszelly 2011: 168).
[21] Infolge der EU-Erweiterung 2004 ist Ungarn am 4. Mai 2004 der EU beigetreten.

sehr schwach, wodurch das BIP weiter schrumpft und auch zu geringeren Staatseinnahmen führt, daher werden im Frühjahr 2009 erneute Maßnahmen zur Haushaltskonsolidierung vorgenommen (ebd.: 220). Dennoch kann sich die Regierung in der zweiten Jahreshälfte von 2009 wieder an den internationalen Kapitalmärkten refinanzieren und ist nicht mehr auf finanzielle Mittel vom IWF, der EU und der Weltbank angewiesen (ebd.: 220).

Nach dem Sieg bei den Parlamentswahlen 2010 verkündet Orbán ehrgeizige wirtschaftliche Ziele, denn infolge radikaler Steuersenkungen sollen das Wachstum angekurbelt, neue Arbeitsplätze geschaffen und die Löhne erhöht werden (ebd.: 221). Es wird angenommen, dass vor allem steuerliche Mehreinnahmen durch den Aufschwung die Maßnahmen tragen werden (ebd.: 221). Fragwürdig an diesem Vorhaben ist, ob in einem hochverschuldeten Land diese Ziele überhaupt umsetzbar sind, denn das zentrale Problem, die Sozialsysteme zu reformieren, wird nicht versucht zu lösen (ebd.: 221).

Ohne Neuverschuldung kann die Regierung unter Orbán ihr Konjunkturprogramm nicht beginnen, aber dieser Plan würde zwangsläufig gegen die mit der EU und dem IWF vereinbarten Obergrenze von vier Prozent für das Haushaltsdefizit verstoßen (ebd.: 221). Um dennoch die mit der EU und dem IWF vereinbarten Defizitziele einhalten zu können, entscheidet sich die Regierung für radikale Steuersenkung zu Beginn des Jahres 2011 (ebd.: 221). Aus diesem Grund wird der Einkommenssteuersatz auf 16 Prozent[22] und die Körperschaftssteuer für kleinere und mittlere Unternehmen auf 10 Prozent gesenkt (ebd.: 221). Demgegenüber gibt es ungewöhnliche Steuererhöhungen, z.B. werden Unternehmen des Finanzsektors mit einer befristeten Abgabe belastet, eine temporäre Sondersteuer für den Einzelhandel eingeführt und der Rentenfonds der privaten Pflichtversicherung verstaatlicht (ebd.: 222). Problematisch ist an diesem Vorgehen, dass die Sonderabgaben befristet und die Einnahmen aus den verstaatlichen Rentenfonds einmalig sind, während die Steuersenkungen bestehen bleiben und somit höhere Haushaltsdefizite wahrscheinlich sind (ebd.: 222). Die wirtschaftlichen Probleme Ungarns wirken sich auch negativ auf die Arbeitslo-

---

[22] Hierfür wird eine sogenannte ‚Flat tax' in die Einkommensteuer eingeführt, nach der alle Einkünfte einheitlich nach einem Steuersatz von 16 Prozent versteuert werden (vgl. Pester Lloyd 2012 c). Zugleich werden die Freibeträge gestrichen und die Sozialabgaben erhöht (vgl. Pester Lloyd 2012 f). Vor allem die Besserverdienenden profitieren von der ‚Flat tax', während die niedrigeren Einkommensgruppen benachteiligt werden, indem als Berechnungsgrundlage nicht der Bruttolohn, sondern das Superbrutto, d.h. Brutto plus Arbeitnehmeranteil an den Sozialabgaben, herangezogen wird, wodurch diejenigen mit niedrigerem Einkommen mehr Steuer als vorher bei einem Durchschnittseinkommen zahlen (vgl. Pester Lloyd 2011 b). Infolge dieser Maßnahmen steigt die Staatsverschuldung und breitere Gesellschaftsschichten verarmen (vgl. Pester Lloyd 2012 f).

senquote[23] aus, denn von 2008 bis Februar 2012 steigt sie von 7,8 auf 11,6 Prozent (vgl. Pester Lloyd 2012 b).

Obwohl strukturelle Reformen notwendig sind, um die Wirtschaft anzukurbeln und den Staatshaushalt zu sanieren, reagiert die Regierung unter Orbán bislang nur mit schnell greifenden Maßnahmen[24] (vgl. Kiszelly 2011: 171f.). Letztendlich sind jedoch für eine langfristige Konsolidierung des Haushalts Einsparungen im Gesundheitssystem, Rentensystem, bei Hochschulen sowie Kommunen nicht vermeidbar (vgl. Richter 2011: 222).

Der Fidesz verspricht seinen Wählern vor den Parlamentswahlen 2010 zwar, dass nicht gespart werden müsste und verurteilt das Konsolidierungsprogramm der Vorgängerregierung scharf (ebd.: 222). Die Situation hat sich aber nach den Turbulenzen in der Eurozone im Oktober und November 2011 verschärft, wodurch der Forint gegenüber dem Euro verliert und die Kreditausfall-Swaps (CDS) für ungarische Staatsanleihen in die Höhe schnellen (ebd.: 223.) Daraufhin muss sich der ungarische Wirtschaftsminister an den IWF wenden, um ein neues Abkommen über internationale Kredithilfen für Ungarn auszuhandeln (ebd.: 223). Für ein neues Abkommen mit dem IWF und der EU muss Ungarn aber wesentliche Korrekturen seiner Wirtschaftspolitik vornehmen (ebd.: 223). Bislang erscheinen die Maßnahmen der Regierung in diesem Zusammenhang weiterhin als Fehlentscheidungen, z.B. verabschiedet das ungarische Parlament Anfang Juli eine Finanztransaktionssteuer[25], die sich letztendlich als eine weitere Mehrwert- bzw. Einkommensteuer erweist (vgl. Pester Lloyd 2012 g). Mitte Juli beginnen die Verhandlungen für ein neues Kreditabkommen[26] mit dem IWF (vgl. Pester Lloyd 2012 h). Wie die Verhandlungen enden, ist zum jetzigen Zeitpunkt noch nicht absehbar. Dennoch kann davon ausgegangen werden, dass die Entscheidung über die Vergabe eines neuen Kredits für Ungarns Staatshaushalt und die Wirtschaft des Landes existenziell sein kann.

---

[23] Zwar lauten die Ziele des Wirtschaftsprogramms der Regierung, Arbeitsplätze schaffen, Wirtschaftswachstum verbessern und Anreize für die mittelständischen Unternehmen erzeugen, aber ihre Maßnahmen enden größtenteils in einem erhöhten Steueraufkommen, bspw. werden die Personalkosten für Arbeitgeber reduziert, wodurch nicht die Auftragslage in einem Unternehmen gesteigert wird (vgl. Pester Lloyd 2012e).

[24] Daher wird erneut zum 1. Januar 2012 die Mehrwertsteuer auf 27 Prozent erhöht (vgl. Kiszelly 2011: 172).

[25] Bei der Finanztransaktionsteuer werden ab 2013 alle Banküberweisungen, Bareinzahlungen, Kreditkarten-, Bankkarten- und Scheckgeschäfte mit einer Steuer von 0,1 Prozent belegt (vgl. Pester Lloyd 2012 g). Der Zweck, exzessive Spekulationen u.a. durch maßlose, automatisierte Wertpaper- und Währungsgeschäfte einzudämmen, wird aber durch die Regelung verhindert, dass die Besteuerung bei 6.000 Forint Steuerleistung gedeckelt wird, denn diese Geschäfte bewegen sich eigentlich weit jenseits der gewählten Obergrenze (ebd.).

[26] Hierbei soll es um die Vergabe eines 15 Milliarden Euro Stand-by-Kredits gehen (vgl. Pester Lloyd 2012 h).

2.3   Die Parlamentswahl 2010 und ihre Folgen für das politische System

Auswirkungen der Wirtschaftskrise in Kombination mit populistischer und fehlgeleiteter Politik sorgen dafür, dass sich Ungarn in einer tiefen wirtschaftlichen und gesellschaftlichen Krise befindet (vgl. Sapper/Weichsel 2011.: 7). Die schlechte Leistungsbilanz der sozialistischen Regierung unter Gyurcsány führt zu einem erheblichen Anstieg der Staatsverschuldung von 53 auf mehr als 80 Prozent des BIP (vgl. Bos 2011: 39). Vor allem die zögerliche Reformpolitik der Vorgängerregierung trägt nicht zur Bewältigung der bislang schlimmsten Wirtschafts- und Finanzkrise in Ungarn bei (ebd.: 39).

Die seit Ende 2006 vorgenommenen Sparmaßnahmen und die Einschnitte in die sozialpolitischen Leistungen stoßen beim Großteil der Wähler auf Ablehnung (ebd.: 40). Hinzu kommt die moralische Diskreditierung der MSZP sowie die vor der Wahl gehäuft auftretenden Korruptionsfälle, in die Politiker der MSZP involviert sind (ebd.: 40). Diese Faktoren in Kombination mit Enttäuschung und Angst vor sozialem Abstieg auf Seiten der Bevölkerung, einer hohen Wahlenthaltung sozialistischer Wähler und einem Wahlsystem, das den Gewinner belohnt, ermöglichen dem Fidesz gemeinsam mit seinem kleinen Bündnispartner KDNP, im Parlament eine Mehrheit von über zwei Dritteln zu erlangen (vgl. Küpper 2011: 137).

Zuvor ist das politische System noch auf Konsens ausgerichtet, aber mithilfe der Zweidrittelmehrheit, beginnt die Regierung unter Orbán mit dem Umbau des politischen Systems[27] (vgl. Bos 2011: 51). Die seitdem getroffenen Maßnahmen des Fidesz zielen mit großer Wahrscheinlichkeit auf die eigene Machterhaltung und uneingeschränkte Machtkonzentration ab (vgl. Sapper/Weichsel 2011: 8). Vieles deutet darauf hin, dass Orbán ein „neues bürgerliches Ungarn"[28] errichten will, indem er mit den zwanzig Jahren nach der Systemtransformation radikal bricht (vgl. Bos 2011: 51). Seiner Meinung nach besteht die Lösung des Problems nicht darin, einen Kompromiss zu finden oder Konsens anzustreben, sondern indem eine Seite zum dominierenden Zentrum wird (ebd.: 51).

Infolge des kompletten Umbaus des politischen Systems werden wesentliche Elemente der institutionellen Machtbeschränkung abgeschafft und somit grundlegende Bestandteile einer

---

[27] Seine Pläne zum vollständigen Systemwechsel äußert Orbán bereits am 23. Oktober 2010 in einer Rede zum Jahrestag des Volksaufstandes von 1956, in der er verkündet, dass im Land alles geändert werden muss – die Verfassung, die Gesetze, die öffentliche Moral, die Werte, die Medien, die öffentlich Verwaltung usw. (vgl. Bos 2011: 40).

[28] Laut Bos (2011) betreibt Orbán eine majoritäre Politik und beabsichtigt die Herrschaft eines konservativ-christlich-nationalen Wertesystems (vgl. Bos 2011: 52).

liberalen Demokratie sowie der Rechtsstaatlichkeit beschädigt (vgl. Sapper/Weichsel 2011: 7). Die Einschränkungen zeigen sich u.a. darin, dass die Kompetenzen des Verfassungsgerichts beschnitten werden, das Pensionsalter von Richtern und Staatsanwälten herabgesetzt und eine neues Strafgesetzbuch[29] verabschiedet wird, welches ab dem 1. Juli 2013 in Kraft treten soll (vgl. Pester Lloyd 2012 d).

Von zentraler Bedeutung ist in diesem Zusammenhang die Verabschiedung der neuen Verfassung (vgl. Bos 2011: 52). Unmittelbar nach dem Wahlsieg des Fidesz beginnen auf ausdrücklichem Wunsch von Orbán die Arbeiten an der neuen Verfassung (vgl. Küpper 2011: 137). Es wird eine Arbeitsgruppe eingesetzt und die Abstimmungen erfolgen vornehmlich mit dem MP und der Parteiführung des Fidesz (ebd.: 137). Der Fidesz setzt alles daran, um das neue ungarische Grundgesetz in weniger als einem Monat[30] im Parlament zu verabschieden (vgl. Sapper/Weichsel 2011: 7). Kritisch ist hierbei vor allem zu betrachten, dass die Verabschiedung der Verfassung weder auf einem nationalen Konsens noch einem breiten Konsens der politischen Eliten[31] basiert, weil es kein Referendum über Verfassung gibt und schon während der Ausgestaltung des Grundgesetzes die geltende Verfassung modifiziert sowie im November 2010 die Kompetenzen des Verfassungsgerichts beachtlich eingeschränkt werden (vgl. Bos 2011: 53 f .; Bozóki 2011: 84).

Bei der neuen ungarischen Verfassung wird auf Anhieb deutlich, dass die im Grundgesetz enthaltene Präambel, in der die Weltanschauung des Fidesz als gesamtungarisches Weltbild ausgegeben wird, sehr ideologisiert ist und die Nation zum höchsten Wert erhebt (vgl. Halmai 2011: 146 f.; Küpper 2011: 138; Sapper/Weichsel: 7). Auf diese Weise unterscheidet sich das neue ungarische Grundgesetz von anderen europäischen Verfassungen[32] dahingehend, dass sie ideologisch nicht neutral ist. Sie macht ideologische Werte, die nur von einem Teil der Bevölkerung getragen werden, für alle verbindlich (vgl. Küpper 2011: 144).

---

[29] Das neue Strafgesetzbuch ist nur ein Teil der umfassenden Justizreform des Fidesz (vgl. Pester Lloyd 2012 d). Von Rechtsexperten wird die Reform des Strafrechts als ‚Law-and-Order'-Politik bewertet (ebd.). Insbesondere die Absenkung der Strafmündigkeit von 14 auf 12 Jahren ist hierbei als negativ einzuschätzen, welche offenbar auf die Romaminderheit angepasst ist, damit sich der Staat auf diese Weise seiner Fürsorge- und Aufsichtspflicht durch Wegsperren entziehen kann (ebd.).

[30] Vor allem die Venedig-Kommission kritisiert die fehlende Transparenz beim Verfassungsgebungsprozess, denn der rigide Zeitplan von der Vorlage des Verfassungsentwurfs bis zur Verabschiedung lässt kaum Zeit für eine notwendige parlamentarische Debatte (vgl. Bos 2011: 54; Venice Commission 2011 a: 5 und 2011 b: 28).

[31] Ferner findet keine Diskussion innerhalb der Regierungskoalition statt und auch Juristen werden kaum zur Ausarbeitung der neuen ungarischen Verfassung hinzugezogen (vgl. Küpper 2011: 137).

[32] In anderen europäischen Verfassungen sind nur bestimmte Grundwerte festgelegt, wie bspw. Demokratie, Rechtsstaat oder Menschenwürde (vgl. Küpper 2011: 144).

Ein weiteres Anzeichen für den Systemumbau stellt das neue Mediengesetz dar, welches auf eine fundamentale Umstrukturierung der öffentlich-rechtlichen Medien abzielt (vgl. Bos 2011: 55). Im Januar 2011 tritt dieses Gesetz in Kraft, wodurch eine zentrale Kontroll-behörde die Legitimation erhält, die Medien zu überwachen und somit grundlegende Elemente der Pressefreiheit bspw. der Informantenschutz oder das Redaktionsgeheimnis aus-gehebelt werden (vgl. Sapper/Weichsel 2011: 7). Es kommt innerhalb der öffentlich-rechtlichen Medien zu einer umfangreichen Entlassungswelle (vgl. Bos 2011: 56). In Hin-blick auf die Zusammensetzung des Medienrats kritisiert die OSZE, dass eine pluralisti-sche und von den Mehrheitsverhältnissen unabhängige Zusammensetzung nicht gewähr-leistet werden kann (vgl. Nyman-Metcalf 2011: 11f.).

Auch andere entscheidende, staatlich unabhängige Institutionen werden gezielt mit Fidesz-Anhänger besetzt, die wiederum Richter benennen oder die Generalstaatsanwaltschaft, den Rechnungshof sowie die Wettbewerbsbehörde leiten (vgl. Sapper/Weichsel 2011: 8). Mit der Änderung des Wahlgesetzes, welches bei der Parlamentswahl im Jahr 2014 zum ersten Mal angewendet wird, zielt der Fidesz darauf ab, die Macht der Partei dauerhaft abzusi-chern (ebd.: 8). Darüber hinaus wird mithilfe dieses neuen Wahlgesetzes der Parteienwett-bewerb geschwächt, indem die Wahlkreise neu zugeschnitten werden und die stärkste Par-tei überproportional begünstigt wird (vgl. Bozóki 2011: 77).

Alle diese Maßnahmen sind mit demokratischem Pluralismus unvereinbar (vgl. Sapper /Weichsel 2011: 8). Insgesamt scheint die Regierung unter Orbán gezielt die Rechtsstaat-lichkeit und die Freiheit beschränken zu wollen. Nicht nur die Medien, sondern auch das Europäische Parlament stufen die Reformen der Regierung unter Orbán als kritisch ein (vgl. Bos 2011: 42). Als Reaktion sperren die EU-Finanzminister im März 2012 Zahlungen aus den EU-Entwicklungstöpfen und wollen ihren Beschluss im Juni nochmals überprüfen (vgl. FAZ 2012 a). Bis dahin soll die ungarische Regierung entscheidende Schritte unter-nehmen, um das anhaltend hohe Haushaltsdefizit zu verringern (ebd.). Das Einfrieren der Fördergelder ist bisher ein einzigartiger Vorgang innerhalb der EU (ebd.). Die Drohung, Ungarn Geldmittel zu entziehen, ist das einzige wirksame Druckmittel der EU[33]. Außer-dem leitet die EU-Kommission Vertragsverletzungsverfahren[34] gegen Ungarn ein, weil sie

---

[33] Allerdings empfiehlt Barroso im Mai 2012 der EU-Kommission, die Aufhebung der Sanktionen gegen Ungarn und das Defizitverfahren wieder zu verwerfen, weil festgestellt werden konnte, dass das Land notwendige Maßnahmen ergriffen habe und man davon ausgehe, dass das BIP in diesem und im kom-menden Jahr unter drei Prozent betragen werde (vgl. Pester Lloyd 2012 i).
[34] Die EU-Kommission leitet ein Verfahren wegen mangelnder Unabhängigkeit der Notenbank ein, welches jedoch wieder ausgesetzt wird, weil sich die Kommission mit den Änderungsvorschlägen der ungarischen

durch die weitreichende Staatsreform der Regierung Orbán nach EU-Recht die Demokratie und Rechtsstaatlichkeit verletzt sieht (vgl. FAZ 2012 b). Auch der Demokratieindex Freedom House bescheinigt für die beiden Jahre 2011 und 2012[35], dass die Demokratiequalität in Ungarn gesunken ist.

Vieles deutet darauf hin, dass die Regierung unter Orbán mit ihren Maßnahmen erhebliche, größtenteils negative Veränderungen für die ungarische Demokratie herbeiführt. Daher ist Ungarn als Länderbeispiel geeignet zu sein, um festzustellen, ob dieser Wandel der demokratischen Qualität vom Demokratiebarometer abgebildet wird. Bevor sich das Kapitel 4 mit den Ergebnissen der Analyse des Demokratiebarometers beschäftigt, geht es im nachfolgenden Kapitel um die theoretische Auseinandersetzung des ausgewählten Messindex.

Regierung zufrieden gibt (FAZ 2012 b). Die beiden anderen noch laufenden Verfahren beziehen sich auf die Unabhängigkeit der Justiz und die Änderungen im Datenschutz (ebd.).

[35] Hauptsächlich bezieht sich die Kritik von Freedom House auf die Maßnahmen der Regierung, welche darauf abzielen, die Kontrolle über unabhängige Institutionen zu erhöhen, z.B. der Medienkontrollrat oder die Besetzung wichtiger Ämter mit Parteianhängern in der Justiz (vgl. Freedom House 2011 und 2012 a).

3   Das Demokratiebarometer und die Messung von Demokratiequalität

Dieses Kapitel beschäftigt sich mit der theoretischen Analyse des Messindex, wobei zuerst erklärt wird, auf welchem Demokratiekonzept das Demokratiebarometer beruht und wie es ausgestaltet ist. Anschließend wird auf die Vor- und Nachteile des Demokratieindex im Vergleich zu drei anderen Messindizes eingegangen, bevor schlussendlich erläutert wird, was dafür spricht, dass das Demokratiebarometer den Wandel der Demokratiequalität in einem Land veranschaulichen sollte.

3.1   Idee und Konzept des Demokratiebarometers

Das Projekt Demokratiebarometer[36] zielt darauf ab, einen Demokratieindex zu entwickeln, der die konzeptionellen und methodologischen Schwachstellen bisheriger Messindizes vermeidet, indem es die Qualität von etablierten Demokratien misst und miteinander vergleichbar macht (vgl. Bühlmann et al. 2011: 1). Bislang wurde die Entwicklung der Demokratiequalität anhand eines Ländersamples von 75 etablierten Demokratien in einer Zeitreihe von 1990 bis 2007[37] untersucht und miteinander verglichen.

Bei diesem Messindex gründet das theoretische Demokratiekonzept auf den drei Grundprinzipien Freiheit, Gleichheit und Kontrolle, aus denen zuerst *neun* grundsätzliche *Funktionen* deduziert, dann achtzehn Komponenten und daraus wiederum 51 Subkomponenten und schlussendlich 100 Indikatoren abgeleitet werden (ebd.: 1). Es wird von der Grundannahme ausgegangen, dass demokratische Systeme mithilfe einer dritten demokratieinhärenten Dimension der Kontrolle[38] versuchen, ein Gleichgewicht zwischen den interdependenten Grundwerten Freiheit und Gleichheit herzustellen (ebd.: 4).

---

[36] Beim Demokratiebarometer handelt es sich um ein interdisziplinäres Forschungsprojekt, welches vom schweizerischen Nationalfond unterstützt und im Rahmen des NCCR Democracy durchgeführt wird. Die Zeitreihe dieses Projekts reicht bislang bis einschließlich 2007. Die Projektleiter sind Prof. Dr. Wolfgang Merkel vom Wissenschaftszentrum Berlin und Prof. Dr. Daniel Bochsler von der Universität Zürich.

[37] Auf Nachfrage bei Prof. Dr. Daniel Bochsler ist es zwar geplant, die Zeitreihe sowie das Ländersample des Demokratiebarometers zu erweitern, aber hierfür gibt es noch keinen konkreten Termin (Stand 28. 02.2012).

[38] Bühlmann et al. (2011) zufolge hat Kontrolle einen essentiellen Wert für Demokratie, denn Machtbeschränkung der politischen Repräsentanten ist ein grundlegender Unterschied von demokratischen zu au-

Das Demokratiebarometer soll zwei Ansprüchen gerecht werden, einerseits wird erwartet, dass man den Grad an Demokratiequalität in einem Land zu einem bestimmten Zeitpunkt feststellen kann und anderseits soll die gemessene und aggregierte Demokratiequalität im Längs- sowie Querschnitt mit anderen demokratischen Systemen vergleichbar sein (ebd.: 16f.).

Wie ist das demokratische Grundprinzip Freiheit beim Demokratiebarometer definiert?

An erster Stelle wird Freiheit als Schutz eines Individuums vor illegitimen Eingriffen gegenüber dritten Privatpersonen und insbesondere gegenüber dem Staat verstanden (ebd.: 5). Denn die Existenz sowie Garantie von individuellen Freiheiten innerhalb eines demokratischen Systems stellt eine notwendige Bedingung für die demokratische Selbst- und Mitbestimmung des Bürgers dar (ebd.: 10). Historisch bedingte, *individuelle Freiheiten* sind unter anderem das Recht auf Integrität von Leib und Leben sowie Meinungs- und Religionsfreiheit (ebd.: 5). Es wird davon ausgegangen, dass eine minimale Bedingung für demokratische Systeme der rechtsstaatlich garantierte Schutz der individuellen Freiheiten ist (ebd.: 5). Solange keine *Rechtsstaatlichkeit* existiert, welche die bürgerlichen Freiheitsrechte garantiert, können Bürger ihre politischen Partizipationsrechte nicht hinreichend nutzen (ebd.: 5). Freiheitsrechte und politische Beteiligungsrechte sind funktional aufeinander bezogen, ansonsten können sie nicht von Bestand sein und daher ist ein Rechtsstaat notwendig für den Grundwert Freiheit, wenn er den Funktionen der Kontrolle sowie der Gleichheitssicherung nachkommt (ebd.: 10). Ebenfalls gehören auch Versammlungs- und Organisationsrechte sowie Meinungs- und Medienfreiheit zu den demokratischen Grundrechten und werden daher beim Demokratiebarometer berücksichtigt (Linz und Stephan 1996). Denn Freiheit ist auch die Möglichkeit, sich mit Anderen auszutauschen und zu versuchen, andere von dem eigenen Standpunkt zu überzeugen sowie für eine Sache zu mobilisieren (vgl. Beetham 2004: 62). Eine effektive Meinungsfreiheit ist abhängig von den Bedingungen, unter denen die Bürger Informationen erhalten (Sartori 2006), demnach muss ein freier Informationsfluss[39] gewährleistet und prinzipielle Bedingungen für das Funktionieren einer demokratischen *Öffentlichkeit* dauerhaft geschützt sein (ebd.: 5).

Da in der politischen Moderne ein enger Zusammenhang zwischen Freiheit und politischer Gleichheit besteht, ist Gleichheit als zweiter demokratischer Grundwert beim Demokratie-

---

tokratischen Systemen, in denen tendenziell unkontrollierte Machtausübung vorherrscht (vgl. Bühlmann et al. 2001: 4).

[39] Laut dem Konzept des Demokratiebarometers muss Meinungsfreiheit in der Verfassung verankert sein und wird in repräsentativen Demokratien insbesondere durch ein freies, vielfältiges und ausgewogenes Pressesystem garantiert (vgl. Bühlmann et al. 2011: 11).

barometer von Bedeutung (vgl. Bühlmann et al.: 6). Mit politischer Gleichheit ist die Gleichbehandlung aller Individuen im politischen Prozess gemeint, daher sollten alle Bürgerinnen und Bürger über die gleichen Rechte verfügen, um demokratische Entscheidungen beeinflussen zu können (Dahl 1976) und die gleichen Zugangschancen zu politischer Macht haben (Böckenförde 1991; Lauth 2004; Saward 1998; Vossenkuhl 1997). Beim Demokratiebarometer geht man davon aus, dass politische Gleichheit am effektivsten ist, sofern möglichst alle individuellen Präferenzen gleichberechtigt eingebunden und berücksichtigt werden (vgl. Bühlmann et al. 2011: 6). Deshalb sollen konventionelle sowie unkonventionelle politische *Partizipation*[40] möglichst gleich wahrgenommen werden, so dass bestimmte gesellschaftliche Gruppen nicht vom politischen Prozess ausgeschlossen sind (Lijphart 1997; Teorell et al. 2007). Ebenfalls wird berücksichtigt, dass die möglichst adäquate deskriptive[41] und substantielle[42] politische *Repräsentation* eine weitere wichtige Voraussetzung für die gleichberechtigte Einbindung aller Präferenzen darstellt (vgl. Bühlmann et al. 2011: 7) und hohe *Transparenz* des politischen Entscheidungsprozesses für die gleichberechtigte Wahrnehmung politischer Rechte entscheidend ist (Stiglitz 1999). Denn fehlende Transparenz wirkt sich negativ auf die Demokratiequalität aus, indem bestimmte Interessengruppen bevorteilt und der Grundsatz der politischen Gleichheit unterminiert wird (vgl. Bühlmann et al. 2011: 14). Für Transparenz ist es von zentraler Bedeutung, dass offen über die Regierungspolitik berichtet wird und Medien keinem politischen Druck oder Zensur ausgesetzt sind (ebd.: 15).

Welche Bedeutung wird der Dimension Kontrolle im Demokratiebarometer zu teil?

Die beiden demokratischen Grundwerte Freiheit und Gleichheit stehen nicht nur in einem interdependenten Verhältnis zueinander (Talman 1960; Tocqueville 1888), sondern sie werden auch als ein dynamisches Equilibrium verstanden und für jede Demokratie ist es eine Herausforderung, eine optimale Balance[43] zu finden (vgl. Bühlmann et al. 2011: 7).

---

[40] Mit konventioneller Partizipation sind alle diejenigen Formen der politischen Beteiligung gemeint, die zu den verfassten und institutionalisierten politischen Verfahren und Orten gehören wie beispielsweise Wahlen, Parteien, Parlamente, Regierungen usw., während unter unkonventioneller Partizipation alle diejenigen nicht verfassten oder nur wenig institutionalisierten Formen verstanden werden, zum Beispiel Demonstrationen, Bürgerinitiativen, Versammlungen usw. (vgl. Holland-Cunz 2010: 542).

[41] Ein wichtiges Kriterium ist hierbei die adäquate deskriptive Repräsentation von Minderheiten im Parlament (Mansbridge 1999; Wolbrecht and Campbell 2007).

[42] Der Fokus der substantiellen Repräsentation liegt auf der adäquaten Inklusion von Präferenzen (Mansbridge 2003).

[43] Die verbreitete Vorstellung eines Machtausgleichs zwischen den demokratischen Gewalten beruht seit Locke (1689) und Montesquieu (1748) auf der gegenseitigen Kontrolle der demokratischen Gewalten. Damit eine Machtbalance zwischen Exekutive und Legislative erreicht werden kann, müssen die Regierungs- und Oppositionskräfte im Parlament möglichst gleich stark sein (vgl. Bühlmann et al. 2011: 12).

Dem Demokratieverständnis des Demokratiebarometers zufolge dient die Dimension der Kontrolle dazu, dieses instabile Equilibrium mittels Machtbeschränkung der politischen Repräsentanten auszubalancieren (ebd.: 7). Die Beschränkung der Macht kann vertikal durch die Bürger sowie horizontal durch konstitutionelle und institutionelle Kontrollmechanismen erfolgen, wodurch *Gewaltenkontrolle* gewährleistet werden kann, indem sich die demokratischen Gewalten gegenseitig kontrollieren und beschränken (ebd.: 7). Der klassischen Gewaltenteilung zufolge funktioniert die horizontale Kontrolle[44], indem autonome Institutionen gewählte Autoritäten kontrollieren und sich gegenseitig in ihrer Macht ausbalancieren (O'Donnell), währenddessen vertikale Kontrolle durch Wahlen garantiert wird, denn auf diese Weise haben Bürgerinnen und Bürger die Chance politische Repräsentanten wiederzuwählen oder zu ersetzen (Manin et al. 1999). Wahlen sollen nicht nur frei und fair, sondern auch kompetitiv und offen sein, weil ein hoher Grad an *Wettbewerb*[45] bei der Besetzung von politischen Ämtern für eine Demokratie erforderlich ist (Bartolini 1999 und 2000; Dahl 1971), eine reale Auswahl gewährleistet und Amtsträger zu responsivem Verhalten verpflichtet (vgl. Bühlmann et al. 2011: 8). Responsivität bei Wahlen kann nur erreicht werden, wenn die Regierung über eine hinreichende Handlungsfähigkeit verfügt, um Entscheidungen zu treffen und zu implementieren (ebd.: 8). Auch sind Wahlen nur effektiv und die Repräsentation angemessen, wenn aus Wählerinteressen politische Entscheidungen gebildet werden (Alonso et al. 2011) und eine Demokratie kann nur responsiv sein, wenn politische Entscheidungen entsprechend den Wählerpräferenzen umgesetzt werden (Powell 2004). Die Durchsetzungsfähigkeit von demokratisch legitimierten Entscheidungen durch eine demokratisch gewählte Regierung ist ein notwendiger Bestandteil demokratischer Kontrolle und der Demokratiequalität, daher sollte es eine demokratisch ausgewählte Regierung sein, welche die politischen Entscheidungen letztendlich umsetzt (vgl. Bühlmann et al. 2011. 8). Demnach ist auch die *Regierungs- und Implementierungsfähigkeit* einer demokratisch legitimierten Regierung für das Demokratiebarometer von Bedeutung.

Dem Konzept des Demokratiebarometers zufolge müssen Demokratien, wenn sie Freiheit, Gleichheit und Kontrolle garantieren und funktionell sichern wollen, neun verschiedene

---

[44] Die Absetzbarkeit der Regierung mittels Misstrauensvotum durch das Parlament sowie die Auflösbarkeit des Parlaments mittels Vertrauensfrage durch die Regierung trägt zur effektiven wechselseitigen Kontrolle der Exekutive und Legislative bei (de la Porta et al. 2004).

[45] Beim Demokratiebarometer wird auf die empirische Analyse von Bartolini (1999 und 2000) zurückgegriffen. Bartolini unterscheidet vier Bereiche von Wettbewerb, von denen im Demokratiebarometer nur die beiden Bereiche 'vulnerability' und 'contestability' verwendet werden, weil sie der Demokratiekonzeption mittlerer Reichweite am besten entsprechen sollen (vgl. Bühlmann et al. 2011: 12).

Funktionen (Abb. 1) erfüllen, die theoretisch aus den drei Grundwerten deduziert werden (ebd.: 9). Anhand des Erfüllungsgrads der neun Funktionen wird die Demokratiequalität gemessen, wobei gilt, je höher der Erfüllungsgrad[46] von den einzelnen Funktionen, umso besser wird die Demokratiequalität eingestuft (ebd.: 9). Die Verantwortlichen des Projekts Demokratiebarometer weisen darauf hin, dass eine gleichzeitige Maximierung aller neun Funktionen einem Idealtypus entspricht, der in der Realität nicht vorhanden sein kann (ebd.: 9). Darüber hinaus wird angenommen, dass sich die einzelnen Funktionen in einem zielkongruenten Spannungsverhältnis befinden, wodurch es einigen Demokratien besser gelingen wird, die neun Funktionen in ein optimales Equilibrium zu bringen und somit eine

Abbildung 1: **Ein Ausschnitt des Konzeptbaums beim Demokratiebarometer**

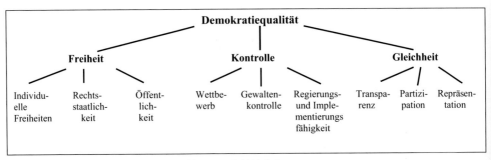

Quelle: Orientiert an der Abbildung 1 bei Bühlmann et al. 2011, S. 9

höhere Qualität im Vergleich zu anderen erreichen (ebd.: 9). Damit die neun Funktionen messbar sind, werden sie mithilfe von zwei Komponenten näher bestimmt, die wiederum durch Subkomponenten definiert sind und schlussendlich mittels verschiedener Indikatoren[47] gemessen werden (ebd.: 9f.). Für die Subkomponenten werden einerseits Indikatoren ausgewählt, die verfasste Regeln messen und andererseits welche, die die Verfassungswirklichkeit bestimmen (ebd.: 10). Der Großteil der 100 Indikatoren ist anhand gezielter Kriterien aus mehr als 300 Sekundärdaten-Indikatoren ausgesucht worden, während andere Indikatoren auf eigenen Erhebungen oder Auswertungen von Quellenmaterialien basieren

---

[46] Beim Demokratiebarometer wird angenommen, dass der Erfüllungsgrad der Funktionen innerhalb einer etablierten Demokratie das Resultat politischer sowie gesellschaftlicher Aushandlungsprozesse sei (vgl. Bühlmann et al. 2011: 22).

[47] An dieser Stelle wird darauf verzichtet, die Komponenten, Subkomponenten sowie sämtliche Indikatoren aufgrund der Vielzahl einzeln vorzustellen. Detaillierte Ausführungen zu allen Indikatoren sind unter www.democracybarometer.org abrufbar.

(ebd.: 17). Nachdem anhand der Indikatoren die Komponenten der unterschiedlichen Funktionen gemessen werden, können anschließend die jeweiligen Funktionen und dann die drei Grundprinzipien aggregiert werden, um ein Maß zu erhalten, mit deren Hilfe man die Qualität einer Demokratie mit denen von anderen demokratischen Systemen im Längs- und Querschnitt vergleichen kann (ebd.: 17).

Bei der Skalierung der Indikatoren geht man nach dem 'best practice'-Verfahren vor. Hierfür wird zuerst auf Grundlage etablierter Demokratieindizes ein Ländersample erstellt, indem alle etablierten Demokratien im Zeitraum von 1995 bis 2005 mit mehr als 250.000 Einwohnern enthalten sind (ebd.: 19). Anhand dieses Ländersamples wird dann die Skalierung vorgenommen sowie die Beziehungsstruktur zwischen den Indikatoren einer Subkomponente festgelegt, so dass ein 'blueprint' geschaffen wird, der auf weitere Länder und Jahre im Demokratiebarometer angewendet werden kann (ebd.: 19). Anschließend werden für die eigentliche Skalierung alle Indikatoren innerhalb des 'blue print'-Samples so standardisiert, dass für jeden Indikator die höchste Ausprägung mit dem Wert 100 und die niedrigste mit dem Wert 0 gekennzeichnet ist (ebd.: 19).

Wie werden die Indikatoren letztendlich zu Subkomponenten, Komponenten, Funktionen, Prinzipien und somit zum Index für Demokratiequalität verdichtet und die einzelnen Bestandteile gewichtet? Man hat sich dafür entschieden, den Weg der theoretischen Deduktion umgekehrt zurückzugehen, das heißt von konkreten Indikatoren zum abstrakten Konzept (ebd.: 20). Hierfür werden zuerst die Indikatoren nach 'best practice' skaliert und der Mittelwert der Indikatoren entspricht dann dem Wert der jeweiligen Subkomponente (ebd.: 20). Die Verantwortlichen gehen davon aus, dass dieser Mittelwert ihre Überlegungen widerspiegelt, dass jeweils die Indikatoren einer Subkomponente dasselbe Konzept messen und daher kompensierbar sein sollen (ebd.: 20). Genauso werden aus Subkomponenten die Komponenten, aus Komponenten die Funktionen, aus Funktionen die Prinzipien und aus den Prinzipien das Gesamtaggregat 'Demokratiequalität' gebildet (ebd.: 21). Auch bei der Aggregation bezieht man sich auf das theoretische Demokratiekonzept, denn es wird davon ausgegangen, dass die einzelnen Komponenten bzw. Funktionen bzw. Prinzipien notwendige Bedingungen für die jeweils nächste Aggregationsstufe darstellen und Demokratien unterschiedlich gut eine optimale Balance zwischen den Komponenten, Funktionen sowie Prinzipien herstellen können (ebd.: 21). Deshalb wird für die Berechnung des Werts der jeweiligen höheren Stufe eine Aggregationsformel[48] verwendet, die auch den abnehmenden Grenznutzen bei zunehmendem Ungleichgewicht abbilden soll (ebd.: 21). Wenn man den Demokratiegehalt des jeweiligen Landes bestimmt hat, schlagen die Initiatoren des Demokratiebarometers vor, die unterschiedliche Balance der neun Funktionen mithilfe von Netzdiagrammen abzubilden (ebd.: 22).

Nachdem Ansatz und Konzept vom Demokratiebarometer in diesem Abschnitt erläutert worden sind, wird unter 3.2 auf die Frage eingegangen, welche Stärken und Schwächen dieser Demokratieindex gegenüber anderen Messindizes aufweist.

3.2   Vor- und Nachteile im Vergleich zu anderen Demokratieindizes

Welche Vor- und Nachteile hat das Demokratiebarometer im Vergleich zu anderen Demokratieindizes? Zur Beantwortung dieser Frage sind drei Messindizies – der Index of Democratization, der Polity 4 Index und der Freedom House Index – ausgewählt worden, die mit dem Demokratiebarometer verglichen werden. Im Folgenden wird kurz umschrieben, wie die drei ausgewählten Indizes konstruiert sind und welche Variablen verwendet werden, bevor auf die Stärken und Schwächen des Demokratiebarometers eingegangen wird.

Vanhanen nutzt für den Index of Democratization die beiden Dimensionen Partizipation und freier Wettbewerb aus dem Polyarchy-Konzept von Dahl (1971) und operationalisiert jede Dimension mit nur einem Indikator (vgl. Schultze 2010: 34). Somit beschränkt sich dieser Index auf die Messung von zwei Variablen, welche auf wenigen Wahldaten basieren (ebd.: 38). Der Polity 4 Index hingegen beschäftigt sich longitudinal mit der Demokratieentwicklung und stellt Daten für jedes unabhängige Land mit mehr als 500.000 Einwohnern im Zeitrahmen von 1800 bis 2010 bereit (ebd.: 47). Die Grundlage für diesen Messindex bilden nicht Demokratiekonzeptionen, sondern Autoritätsstrukturen (ebd.: 49). Der eindimensionale Polity 4 Index wird aus der Differenz der unabhängig voneinander gemessenen Demokratie- und Autokratieskala gebildet (vgl. Merkel et al. 2003: 99), wobei Autokratie und Demokratie zwei gegensätzliche Pole eines Kontinuums darstellen (vgl. Schultze 2010: 47). Anschließend können die Länder anhand ihrer Strukturmerkmale als

---

[48] Hierfür wird eine Arkustangens-Funktion verwendet und bei der Aggregierung der Funktionen zu Prinzipien bzw. der Prinzipien zu Demokratiequalität wird die gemittelte Summe der paarweisen Funktionswerte genutzt (vgl. Bühlmann et al. 2011: 21).

eher demokratisch oder autokratisch einsortiert werden (vgl. Pickel/Pickel 2006: 184). Die Kodierung bei diesem Index gründet auf Verfassungsdokumenten und anderen ausgewerteten Schriften (vgl. Schultze 2010: 51). Der Freedom House Index wiederum hat den Anspruch, die Qualität politischer Regime aus Perspektive der Verfassungswirklichkeit abzubilden (vgl. Schmidt 2006: 408). Er wird anhand von Checklisten durch die Schätzung der politischen Rechte und bürgerlichen Freiheiten erstellt (ebd.: 408). Neben politischen Rechten erfasst der Freedom House Index auch bürgerliche Freiheiten, die über die Minimaldefinition von Demokratie nach Dahl (1971) hinausgehen (vgl. Schultze 2010: 58).

Um vergleichen zu können, welche Vorteile das Demokratiebarometer im Gegensatz zu anderen Demokratieindizes hat, wird nachfolgend dargestellt, welche Schwächen die drei ausgewählten Messindizes im Vergleich zu einigen Stärken des Demokratiebarometers aufzeigen.

Alle drei Demokratieindizes sind geeignet, um die Entwicklung von und die Differenzen zwischen Demokratien und Autokratien zu beschreiben, aber generell sind sie zu wenig verschieden und valide, um genaue und tiefgehende Unterschiede zwischen etablierten Demokratien festzustellen (vgl. Bühlmann et al. 2011: 2). Ein grundlegender Mangel des Polity 4 Index und des Index of Democratization besteht darin, dass ihr Demokratiekonzept zu minimalistisch[49] orientiert ist (Müller/Pickel 2007; Bühlmann et al. 2011: 4). Beim Freedom House Index fehlt sogar die theoretische Fundierung, weil unklar bleibt, was unter dem Begriff Demokratie genau verstanden wird (vgl. Schultze 2010: 60). Im Gegensatz dazu wird beim Demokratiebarometer betont, dass es auf einem fundierten theoretischen Demokratiekonzept gründet, welches auf den drei Grundprinzipien Freiheit, Gleichheit und Kontrolle basiert (vgl. Bühlmann et al. 2011: 5f.), wobei anerkannt wird, dass zwischen den Grundwerten Freiheit und Gleichheit das Potential zu Trade-offs[50] besteht (vgl. Hüller/Deters 2011:205).

Andere Schwächen zeigen die drei Messindizes in der Konzeptualisierungsphase und bei der Messung. Denn die Demokratiekonzepte sind nicht hinreichend trennscharf und es kommt zu inhaltlichen Überschneidungen zwischen den Dimensionen, wodurch die Bildung valider Indikatoren erschwert wird, dies zu implizierten Gewichtungen einzelner Faktoren führt und somit die Messergebnisse verfälscht werden (vgl. Müller/Pickel 2007:

---

[49] Ihre Demokratiekonzepte gründen nur auf den Dahlschen Minimalbedingungen für liberale, politische Demokratie und somit auf den beiden Dimensionen Partizipation und Wettbewerb (vgl. Müller und Pickel 2007: 533).

[50] Auch Ganghof und Stecker (2008) weisen in ihrem Beitrag auf das Spannungsverhältnis zwischen horizontaler und vertikaler Gleichheit hin.

534). Die Beurteilungskriterien bei Freedom House sind relativ anspruchslos, denn bei einer Gruppe von mehr als 30 etablierten Demokratien ergibt sich kaum eine Varianz (vgl. Bühlmann et al. 2011: 4; Müller/Pickel 2007; Schultze 2010: 61). Beim Polity 4 Index sind die Beschreibungen der Kategorien zu knapp, wodurch die Einstufung in den Zwischenkategorien nicht immer nachvollziehbar ist (vgl. Lauth 2004: 278).

Ebenso ist bei der Auswahl der Variablen beim Index of Democratization und bei Freedom House Index ein eindeutiger Mangel erkennbar. Beim Index of Democratization beispielsweise wird auf eine qualitative Bewertung der quantitativen Daten verzichtet, wodurch nur numerische Ergebnisse berücksichtigt werden, aber die Umstände unter denen sie entstanden sind, vernachlässigt werden (vgl. Schultze 2010: 39). Daher kann dieser Index keine Aussage darüber treffen, ob eine Wahl frei und fair abgelaufen ist oder ob die gewählten Repräsentanten tatsächlich politische Macht haben (vgl. Lauth 2002: 128). Auch beim Freedom House Index sind nicht alle Variablen trennscharf, wodurch einige Sachverhalte mehrfach gemessen werden und was letztendlich zu einer verzerrten Gewichtung der Variablen führt (vgl. Lauth 2004: 271).

Hinsichtlich der Kodierung der verwendeten Dokumente weist der Polity 4 Index auch Mängel auf, denn er basiert letztendlich auf subjektiven Einschätzungen der Dokumente und der zu messenden Dimensionen, wodurch der Index auf die institutionelle Dimension fixiert ist und dabei die tatsächliche Performanz des politischen Systems und die Verfassungswirklichkeit vernachlässigt (vgl. Berg-Schlosser zitiert nach Schultze 2010: 51f.). Somit liegt der Fokus beim Polity 4 Index nur auf der Existenz von Institutionen, währenddessen beim Demokratiebarometer auch die Verfassungswirklichkeit und somit die effektive Wirkung von Institutionen berücksichtigt wird (vgl. Bühlmann et al. 2011: 18).

Mängel hinsichtlich der Validität der ausgewählten Indikatoren sind ebenfalls nachweisbar, wenn beispielsweise Dimensionen, die im Konzept vorhanden sind, bei der „Übersetzung" in Indikatoren verschwinden oder nur zum Teil erfasst werden oder es zu Doppelmessungen des gleichen Sachverhalts zwischen einzelnen Indikatoren kommt oder Aspekte gemessen werden, die im Konzept nicht vorgesehen waren (vgl. Müller/Pickel 2007: 534). Bis 2003 wurde beim Index of Democratization der Partizipationsgrad nur durch die Beteiligung an Wahlen gemessen, aber beispielsweise nicht an Partizipationsrechten, auch demokratische Grundwerte wie Meinungsfreiheit und Interessenartikulation werden nicht berücksichtigt (vgl. Schultze 2010: 40). Eine weitere Schwachstelle wird bei der theoretischen Begründung des Messniveaus deutlich, denn bei den drei Demokratieindizes wird darauf verzichtet, theoretische Überlegungen bezüglich der Auswahl des Messniveaus anzustellen, womit auch zufällig bleibt, ob sich qualitative Abweichungen zwischen den Fällen an den Zahlenwerten ablesen lassen oder hinter der Messklasse verschwinden (vgl. Müller/Pickel 2007: 534). Auch hinsichtlich der Festlegung nachvollziehbarer Kodierregeln, sind eindeutige Mängel erkennbar, insbesondere hinsichtlich der Nachvollziehbarkeit, warum ein bestimmter Zahlenwert vergeben wird (ebd.: 534f.). Beim Freedom House Index beispielsweise sind die Messungen subjektiv und es mangelt an Transparenz, denn die Einstufungen der Länder scheinen auf einer intuitiven Kombination aus Beobachtung, Bewertung und Aufsummierung der Beobachtungswerte zu basieren (vgl. Schmidt 2006: 61).

Nachdem neben den Schwächen anderer Messindizes zugleich einige Stärken des Demokratiebarometers erläutert worden sind, wird nun auf die Nachteile des Demokratiebarometers eingegangen. Das Demokratiebarometer ist ebenso wie der Index of Democratization[51] und der Polity 4 Index[52] nicht demokratietypenneutral. Beim Demokratiebarometer wird bei den Messungen der Demokratiequalität zum Beispiel der Föderalismusgrad einer Demokratie gemessen, aber nicht jeder Demokratietyp ist föderal.

Des Weiteren fällt auf, dass es der internen Logik des Modells an Plausibilität mangelt. Denn die Zuordnung der einzelnen Funktionen zu den drei Grundprinzipien wird nicht ausreichend begründet und ist auch nicht überzeugend (vgl. Lauth 2010: 518). Man kann nicht nachvollziehen, warum einzelne Funktionen nur der einen Dimension zugeordnet werden, obwohl sie ebenso mit einer anderen verbunden sind, z.B. Wettbewerb wird der Dimension Kontrolle zugeordnet, aber eine Zuordnung zur Dimension Gleichheit wäre auch denkbar (ebd.: 518). Ähnliches kann ebenso bei der Zuordnung der Indikatoren zu den Komponenten festgestellt werden, wenn beispielsweise der Indikator „Gleichheit vor dem Gesetz" der Funktion Rechtsstaat zugweisen wird, die zu der Dimension Freiheit gehört (ebd.: 518).

Kritisch kann auch die Auslegung des Begriffs Freiheit gedeutet werden, denn unterschiedliche Demokratievorstellungen sind mit unterschiedlichen demokratieermöglichenden Freiheitsverständnissen verbunden (Dworkin 1994, 2000). Bühlmann et al. (2011) hingegen deuten diesen Konflikt nicht tiefgreifend genug. Es ist nicht ausschlaggebend, dass

---

[51] Beim Index von Vanhanen sind hohe Werte vom Wahlsystem abhängig und nur ein Zeichen für ein spezifisches fragmentiertes Parteiensystem (vgl. Schultze 2010: 41).
[52] Beim Polity 4 Index werden semipräsidentielle System aufgrund der starken Fokussierung auf die Beschränkung der Macht der Exekutivspitze abgewertet und somit benachteiligt, wenn beispielsweise Frankreich ohne Cohabitation einen relativ niedrigen Skalenwert erhält und somit auf dieselbe Stufe mit politische Regime wie Pakistan oder Südafrika während der Apartheit gestellt wird (vgl. Schmidt 2006: 407).

moderne Verfassungen negative und positive Freiheitsrecht schützen, sondern wie beispielsweise Gewissens- und Religionsfreiheit geschützt werden, aber das wird beim Demokratiebarometer nicht gemessen (vgl. Hüller/Deters 2011: 211).

Außerdem können keine Kausalanalysen aufgestellt werden, da das Konzept des Demokratiebarometers insgesamt viel zu komplex ist und daher zu viele Aspekte berücksichtigt werden müssen. Hieraus lässt sich schlussfolgern, dass es den Initiatoren des Demokratiebarometers eher um ein umfassendes Erklärungsmodell für Demokratiequalität geht als um bestimmte kausale Schlussfolgerungen, die sich aus einem Längs- und Querschnittvergleich ergeben könnten (vgl. Ganghof 2005: 79). Denn je minimalistischer das Konzept wäre, desto mehr Kausalanalysen könnten geschlussfolgert werden, indem beispielsweise die Länge der Kausalkette verkürzt und somit die Fülle an Kontrollvariablen auf minimale Anzahl reduziert wird (ebd.: 80).

Allem Anschein nach liegt beim Demokratiebarometer auch bei der Operationalisierung eine Schwachstelle, wenn es darum geht, das Messkonzept an bestimmten festen Institutionalisierungsformen zu messen – in diesem Fall an Komponenten (vgl. Hüller/Deters 2011: 206). Denn die Skalierung basiert letztendlich nur auf der umgekehrten theoretischen Deduktion und somit an dem, was vor dem Erstellen des ‚blue-prints' an den ausgewählten Demokratien gemessen worden ist. Insbesondere Hüller und Deters (2011) argumentieren, dass in Frage gestellt werden kann, ob tatsächlich ein Ableitungszusammenhang zwischen den abstrakten normativen Prinzipien und irgendwelchen Institutionalisierungsformen besteht (ebd.: 207).

Da im Demokratiebarometer keine ökonomischen Indikatoren enthalten sind, bleibt der Einfluss von ökonomischen Faktoren[53] auf die Demokratiequalität eines Landes komplett unberücksichtigt, wie zum Beispiel die Messung von Wohlstand anhand der Wachstumsraten oder von ökonomischer Ungleichheit anhand der Umverteilung. Darüber hinaus werden direkte Demokratien besser als repräsentative Demokratien eingestuft und Konsensusdemokratien werden wie bei Lijphart (1999) generell bevorzugt.

Das Demokratiebarometer entwickelt, ob beabsichtigt oder nicht, einen Idealtypus eines demokratischen Systems, der die bestmögliche Demokratiequalität aufweisen müsste. Dieser Idealtypus entspricht einem präsidentiellen und föderalen System mit vielen Parteien, so dass möglichst viele Präferenzen inkludiert werden. Dennoch könnte dieser Idealtypus,

---

[53] In einer neueren empirischen Analyse kommen Clark et al. (2009) zu dem Schluss, dass Reichtum die Wahrscheinlichkeit der Entstehung und des Fortbestehens einer Demokratie erhöht und stützen somit die klassische Modernisierungstheorie (vgl. Clark et al. 2009: 181).

wenn er tatsächlich existieren würde, keine politischen Entscheidungen hervorbringen, da es in diesem demokratischen System zu viele Vetopunkte gäbe, welche eine Änderung des Status quo verhindern oder sogar zu politischen Blockadesitutationen führen würde.

Bühlmann et al. (2011) zufolge lassen sich für die 30 ‚blue print'-Länder im Zeitrahmen von 1995 bis 2005 mit einer Clusteranalyse unterschiedliche Demokratiemuster finden, aber die Verschiedenartigkeit der ausgewählten Demokratien wird nicht beachtet. Alle unterschiedlichen Varianten von Demokratien sind beim Demokratiebarometer in einer Messung vereint und werden als gleichwertig eingestuft. Der Clusteranalyse zufolge weisen unitarische Länder die höchste mittlere Demokratiequalität auf (vgl. Bühlmann et al. 2011: 27). Das bedeutet aber nicht automatisch, dass unitarische Länder eine bessere Demokratiequalität im Vergleich zu anderen etablierten demokratischen Systemen aufweisen. Die ausgewählten unitarischen Länder sind untereinander – bis auf Belgien – sehr homogen, beispielsweise haben fast alle ein Mehrparteiensystem, eine schwache Zweite Kammer, kaum ‚checks and balances' und sind konsensual orientiert. Bei den Ländern in der dritten und größten Gruppe hingegen, zu denen beispielsweise Australien, Frankreich, USA, Deutschland Japan, Kanada, Spanien, Irland gehören, sind keine gemeinsamen Kennzeichen erkennbar (ebd.: 28). Anscheinend ist die Unterteilung der verschiedenen Demokratien in vier Ländergruppen nach diesem Demokratiemuster ungeeignet, um die vielfältigen demokratischen Systeme miteinander zu vergleichen. Deshalb können mithilfe des Demokratiebarometers keine theoretischen Kategorien gebildet und auch keine Generalisierungen formuliert werden.

Nachdem in diesem Abschnitt einige Stärken und Schwächen des Demokratiebarometers dargelegt wurden, wird unter 3.3 zusammengefasst dargestellt, welchen Anspruch das Demokratiebarometer letztendlich erfüllen sollte.

3.3   Die Entwicklung der Demokratiequalität innerhalb eines Landes

Anhand der theoretischen Analyse des Konzepts vom Demokratiebarometer scheint dieser Messindex aufgrund der Vielfalt und Verschiedenheit der einzelnen Demokratien seinen Anspruch, die Demokratiequalität von unterschiedlichen demokratischen Systemen im Rahmen einer so komplexen Messung miteinander vergleichbar zu machen, nicht zu erfüllen. Aber kann dieser Demokratieindex den Wandel der Demokratiequalität innerhalb eines Landes abbilden? Den empirischen Resultaten des Demokratiebarometers zufolge können Veränderungen in demokratischen Systemen über mehrere Jahre hinweg festgestellt werden (vgl. Bühlmann et al. 2011: 24). Es müsste demnach im Vergleich zu anderen Messindizes geeigneter sein, um die effektive Demokratiequalität festzustellen, da es versucht die interdependenten Grundwerte Freiheit und Gleichheit mithilfe der demokratieinhärenten Dimension Kontrolle auszubalancieren.

Insbesondere bei der Auswahl der Indikatoren wird den Projektleitern und -mitarbeitern zufolge darauf geachtet, dass sie sich nicht nur auf die Existenz von Institutionen beziehen, sondern die Verfassungswirklichkeit bzw. die effektive Wirkung von Institutionen mit berücksichtigen (ebd.: 18). Zu diesem Zweck ist in jeder Funktion mindestens eine Subkomponente enthalten, deren Indikatoren ‚rules in law' und mindestens eine Subkomponente, deren Indikatoren ‚rules in use' erfassen, um nicht nur verfassungsrechtliche Normen, sondern auch die Manifestationen in der Verfassungswirklichkeit abzubilden (ebd.: 18). Auch Messfehler sollen vermieden werden, indem bei der Messung jeder Subkomponente mindestens zwei Indikatoren aus unterschiedlichen Quellen verwendet werden (ebd.: 18).

Soviel zur Theorie, doch wie sieht es in der Praxis aus? Anhand eines Länderbeispiels gilt es nun herauszufinden, ob das Demokratiebarometer den Anspruch, die Veränderung der Demokratiequalität innerhalb eines Landes darzustellen, tatsächlich erfüllen kann. Hierfür wird das osteuropäische Land Ungarn ausgewählt, welches dem Demokratiequalität-Ranking[54] des Demokratiebarometers zufolge für die beiden Jahre 2000 und 2007 auf Rang 13 und 18 eingestuft wird und sich demnach im mittleren Bereich von 30 größtenteils westlichen und westeuropäischen Demokratien[55] befindet (vgl. Demokratiequalität-Ranking 2007). Aber seit der Parlamentswahl und dem Regierungswechsel im Jahr 2010 hat sich die Demokratiequalität in Ungarn verändert. Kann das Demokratiebarometer den Wandel der Demokratiequalität für das Länderbeispiel abbilden? Um diese Frage beantworten zu können, sind für diejenigen Indikatoren, für die es möglich war, Datenwerte im Zeitrahmen von 2008 bis 2012 festzustellen, ermittelt worden. Die Ergebnisse sowie die Analyse der empirischen Datenerhebung sind Gegenstand des nachfolgenden Kapitels.

---

[54] Auf der Website des Demokratiebarometers befindet sich eine Rangliste der Demokratiequalität von 30 Ländern für die Jahre 2000 und 2007, http://www.democracybarometer.org/ranking_de.html, Zugriff am 24.05.2012.

[55] Erstaunlich ist hierbei, dass den Messungen des Demokratiebarometers zufolge die beiden etablierten Demokratien Frankreich und Großbritannien deutlich schlechter in ihrer Demokratiequalität als Ungarn eingestuft werden (vgl. Demokratiequalität-Ranking 2007).

4   Ergebnisse und Analyse der Verlängerung des Demokratiebarometers

In diesem Kapitel werden die empirischen Ergebnisse der Verlängerung von den Indikatoren des Demokratiebarometers zusammenfassend dargestellt und ausgewertet. Hierbei geht es darum, die zentrale Frage des Buchs zu klären, und zwar, ob man mit dem Demokratiebarometer tatsächlich die Entwicklung der Demokratiequalität in Ungarn abbilden kann. Außerdem wird auf die Probleme eingegangen, die bei der Verlängerung der Zeitreihe für das Länderbeispiel Ungarn aufgetreten sind.

In diesem Zusammenhang wird in Abschnitt 4.1 erläutert, welche Indikatoren des Demokratiebarometers die Entwicklung der Demokratiequalität in Ungarn abbilden und welche Indikatoren offensichtliche Veränderungen, die Einfluss auf die ungarische Demokratie haben, nicht dokumentieren, bevor unter 4.2 dargelegt wird, warum das Demokratiebarometer insgesamt betrachtet den Wandel der Demokratiequalität in Ungarn nicht erfassen kann.

4.1   Die Indikatoren und der Wandel der ungarischen Demokratiequalität

Im Laufe der Vorüberlegungen, insbesondere in Hinblick auf die Vorgehensweise bei der Aktualisierung der Daten des Demokratiebarometers für das Fallbeispiel Ungarn, ist darüber nachgedacht worden, nur die Daten für ausgewählte Indikatoren zu generieren, welche einen Wandel der Demokratiequalität in Ungarn anzeigen könnten. Hierfür hätten beispielsweise gleichmäßig Indikatoren aus den drei Demokratieprinzipien Freiheit, Gleichheit und Kontrolle ausgewählt werden können oder man hätte sich nur auf mögliche Indikatoren konzentriert, die in Zusammenhang mit der Neuen Verfassung oder anderen Gesetzesänderungen in den Jahren 2011 und 2012 stehen.

Es ist jedoch schnell deutlich geworden, dass ein vorheriges Aussortieren von Indikatoren mit großer Wahrscheinlichkeit nicht nur die Ergebnisse verfälscht, sondern auch das Vorhaben, festzustellen, ob das Demokratiebarometer darstellen kann, inwiefern sich die Demokratiequalität in Ungarn verschlechtert hat, gefährdet. Denn aufgrund der Aktualität war es oftmals nicht möglich, Zahlenwerte für die Jahre 2010 bis 2012 zu ermitteln. Darüber

31

hinaus kann festgestellt werden, dass die Angaben im Codebuch des Demokratiebarometers hinsichtlich der Quellen und Berechnung der Zahlenwerte für die einzelnen Indikatoren mangelhaft und undurchsichtig sind. In mehreren Fällen kommt es vor, dass für Indikatoren, die auf eigenen Berechnungen der Verantwortlichen des Demokratiebarometers basieren, nicht angegeben ist, wie vorgegangen wird oder man kann bei den angegebenen
Quellen keine äquivalente Variable finden, die mit dem Indikator übereinstimmt, wodurch
letztendlich nicht nachvollzogen werden kann, wie die Daten erhoben bzw. berechnet werden.

Daher werden die unstandardisierten Daten für diejenigen Indikatoren, für die es möglich
war, Zahlenwerte[56] im Zeitraum von 2008 bis 2012 zu ermitteln, generiert[57] und anschließend miteinander verglichen. Hierfür ist eine Übersicht (Tabelle A) erstellt worden, die
verdeutlicht, an welchen Indikatoren des Demokratiebarometers die Veränderung der Demokratiequalität in Ungarn sichtbar wird und welche seit der Wahl 2010 verabschiedeten
Gesetzes- und Verfassungsänderungen, die auf eine Verschlechterung der Demokratiequalität in Ungarn hindeuten, nicht oder nur bedingt durch Indikatoren des Demokratiebarometers abgebildet werden.

Aus Tabelle A geht hervor, dass sieben Indikatoren des Demokratiebarometers anzeigen
können, wie sich das Kräfteverhältnis zwischen Regierung und Opposition infolge der Parlamentswahl zugunsten des Wahlbündnisses Fidesz-KDNP geändert hat, wodurch eine
unausgeglichene Machtbalance im Parlament entstanden ist. Die Verfassungsänderung
bezüglich des Nominierungsverfahrens der Verfassungsrichter[58] sowie die Erhöhung der
Anzahl an Verfassungsrichtern von elf auf fünfzehn, wodurch es dem Fidesz mittels qualifizierter Mehrheit möglich war, politischen Einfluss auf eine unabhängige Institution zu
nehmen, kann kein Indikator des Demokratiebarometers abbilden.

Den Kompetenzverlust des Verfassungsgerichts hinsichtlich der nachträglichen Kontroll-
möglichkeiten können zwei Indikatoren nur bedingt darstellen, weil die Reichweite der

---

[56] Im Rahmen dieser Masterarbeit wird darauf verzichtet, die unstandardisierten Daten nach dem Vorbild des
Demokratiebarometers zu aggregieren, da dies einerseits für diese Analyse nicht notwendig ist und andererseits durch unvollständige Angaben zur Datengenerierung der einzelnen Indikatoren oftmals kein Zahlenwert ermittelt werden konnte.

[57] In Anhang A findet man alle unstandardisierten Daten in tabellarischer Form, welche für Ungarn ermittelt
werden konnten.

[58] Der alten Verfassung zufolge werden die Verfassungsrichter unabhängig von den Mehrheitsverhältnissen
im Parlament nach einer Art Proporz zwischen Regierungs- und Oppositionsparteien besetzt (vgl. Küpper
2011: 140). Infolge der Verfassungsänderung ist die Opposition an der Wahl der Richter nicht mehr betei-
ligt, weil nur eine Zweidrittelmehrheit im Parlament notwendig ist, um alle Richterstellen zu besetzen
(ebd.: 140). Daher kann der Fidesz die neu geschaffenen Richterstühle mit eigenen Anhängern besetzen
(vgl. Bozóki 2011: 79).

beiden Indikatoren zu knapp bemessen und daher für das Fallbeispiel Ungarn nicht ausreichend ist. Damit der Verlust der gerichtlichen Kontrollfunktion vollständig erfasst werden kann, wäre es notwendig, nicht nur danach zu schauen, ob Verfassungsrichter bei der Überprüfung von Gesetzen auf ihre Verfassungsmäßigkeit eingeschränkt sind, sondern worin diese Beschränkungen bestehen.

Tabelle 1: **Welche Indikatoren des Demokratiebarometers veranschaulichen den demokratischen Wandel in Ungarn?**

Wahl 2010 und Gesetzes- und Verfassungsänderungen	Freiheit			Kontrolle			Gleichheit		
	Individuelle Freiheiten	Rechtsstaatlichkeit	Öffentlichkeit	Wettbewerb	Gewaltenkontrolle	Regierungs- und Implementierungsfähigkeit	Transparenz	Partizipation	Repräsentation
Zweidrittelmehrheit für Wahlbündnis Fidesz-KDNP				1	2				3
Verfassungsgericht: a) Nominierung der Verfassungsrichter									
b) Einschränkung der Kontrollkompetenzen des Verfassungsgerichts					4				
c) Senkung des Pensionsalter von Richtern und Staatsanwälten		5							
d) Begrenzung des Personenkreises, der eine Überprüfung durch das Verfassungsgericht initiieren kann									
Neues Mediengesetz (Schaffung eines Medienrats)			6				7		
Schaffung eines Haushaltsrats									
Einschränkung der Autonomie der kommunalen Selbstverwaltung									
Verfassungsrechtliche Diskriminierung von Minderheiten									8
Neues Wahlgesetz				9					
Änderung des Zentralbankgesetz									
Demonstrationen gegen neue Verfassung und Regierungspolitik						10			

1	Largepov, Votediff, Seatdiff, Smallpov	6	*Constpress*
2	Balpowexle, Seatgov	7	Legmedia, Polmedia
3	Gallagindex	8	*Accpowmin, Poldismin*
4	*Judrev, Powjudi*	9	*Meandistrict*
5	*Protenure*	10	Antigovact

Quelle: Eigene Darstellung
Anmerkung: Indikatoren, die die Veränderung der Demokratiequalität in Ungarn nicht oder
nur bedingt abbilden können, sind kursiv dargestellt.

Im ungarischen Fall darf das Verfassungsgericht infolge einer Gesetzesänderung im November 2010 keine Gesetze mehr, die den Haushalt betreffen wie beispielsweise Steuergesetze oder Finanzgesetze auf ihre Verfassungsmäßigkeit überprüfen.[59]
Ähnliches ist auch hinsichtlich der Herabsetzung des Pensionsalters für Richter und Staatsanwälte festgestellt worden. Zwar ist im Demokratiebarometer ein vergleichbarer Indikator vorhanden, aber die Projektmitarbeiter des Demokratiebarometers beabsichtigen mit dessen Hilfe, die Professionalität der Richter bezüglich ihrer Amtszeit aufzuzeigen und deshalb kann dieser Indikator nicht verdeutlichen, welche strategische Absicht[60] der Fidesz mit dieser Gesetzesänderung verfolgt.

Darüber hinaus kann kein Indikator des Demokratiebarometers veranschaulichen, dass infolge einer Verfassungsänderung[61] der Personenkreis, der sich an das Verfassungsgericht wenden und eine Überprüfung von Gesetzen auf Konformität mit dem Grundgesetz initiieren kann, entschieden begrenzt und somit der Grundrechtschutz eingeschränkt wird. Durch diese Verfassungsänderung wird die Popularklage[62] (Actio popularis), die in Zu-

---

[59] Die ungarischen Verfassungsrichter dürfen Steuer- und Finanzgesetze nur dahingehend kontrollieren, ob sie gegen Rechte verstoßen, welche diese Gesetze normalerweise gar nicht verletzen können, z.B. Recht auf Leben und Menschenwürde, Schutz privater Daten, Gedanken-, Gewissens- und Religionsfreiheit (vgl. Halmai 2011: 149). Die Aberkennung des Rechtes auf Überprüfung von Steuer- und Finanzgesetzen ist jedoch eine weltweite Ausnahme, denn in keinem anderen Staat ist die Kontrollkompetenz eines Verfassungsgerichts nach dem Objekt der zu überprüfenden Rechtsnorm beschränkt (vgl. ebd.).

[60] Hierbei geht es dem Fidesz anscheinend darum, die amtierende Richterschaft vorzeitig in den Ruhestand zu schicken und nach und nach zu ersetzen, um auf diese Weise politische Einflussnahme auf die Judikative zu erlangen (vgl. Kohut 2011: 203).

[61] In der neuen Verfassung (vgl. Art. 24 Abs. 2 e) ist festgelegt, dass das Verfassungsgericht Rechtsvorschriften auf ihre Konformität mit der Verfassung nur noch auf Initiative der Regierung, eines Viertels der Parlamentsabgeordneten oder des Ombudsmanns für Grundrechte hin überprüfen darf.

[62] Die Popularklage ist eine Besonderheit, mit deren Hilfe Privatpersonen, nichtstaatliche Organisationen und Interessengruppen, als verfassungswidrig erachtete Gesetze im Interesse der Öffentlichkeit vor dem Verfassungsgericht anfechten konnten, wodurch ein hoher Standard hinsichtlich des Grundrechtschutzes in Ungarn gewährleistet wurde (vgl. Halmai: 149).

sammenhang mit der postkommunistischen Systemtransformation eingeführt worden ist, wieder abgeschafft (vgl. Halami 2011: 149).

Die Folgen des neuen Mediengesetzes für die Pressefreiheit in Ungarn kann ein Indikator nicht abbilden, währenddessen zwei andere diese Entwicklung aufzeigen sollten. Der Indikator ‚Constpress' kann die Abschaffung der Grundprinzipien der Pressefreiheit – nämlich Informantenschutz und Redaktionsgeheimnis – durch die Einrichtung des Medienrats nicht wiedergeben, weil er dahingehend konzipiert ist, dass er sich ausschließlich auf die verfassungsrechtlich garantierte Pressefreiheit[63] bezieht und somit zusätzliche Gesetze, wie in diesem Fall das Mediengesetz, nicht berücksichtigt. Demgegenüber sollten die beiden Indikatoren ‚Legmedia' und ‚Polmedia'[64] verdeutlichen, dass durch das rechtliche und politische Umfeld die Pressefreiheit in Ungarn deutlich eingeschränkt ist.

Auch ist im Demokratiebarometer kein Indikator vorgesehen, der die Auswirkungen[65] des neu geschaffenen Haushaltsrats[66] abbildet, durch den das Parlament seine Budgethoheit verliert. Ebenso ist kein Indikator vorhanden, der die Einschränkung der Autonomie der kommunalen Selbstverwaltung und somit die Beseitigung der vertikalen Gewaltenkontrolle[67] darstellt. Auch die Diskriminierung von Minderheiten können zwei Indikatoren[68] des Demokratiebarometers nur ansatzweise aufzeigen, weil sich der eine auf den Zugang zu politischen Ämtern für Minderheiten und der andere auf die politische Diskriminierung von Minderheiten bezieht. Hierdurch können zwar Rückschlüsse auf die politische Situation der Roma in Ungarn gezogen werden, aber kein Indikator kann die offensichtliche poli-

---

[63] Laut Artikel IX Abs. 2 der neuen ungarischen Verfassung wird die Pressefreiheit garantiert.

[64] Für diese beiden Indikatoren können aufgrund zu ungenauer Angaben im Codebuch des Demokratiebarometers keine Zahlenwerte ermittelt werden. Aber es kann davon ausgegangen werden, dass man bei beiden Indikatoren für das Jahr 2012 einen sehr hohen Wert erhalten müsste. Als Quelle für die Zahlenwerte ist angegeben, dass Werte von Freedom House verwendet werden. Anhand des weltweiten Rankings von Freedom House zur Pressefreiheit für das Jahr 2012 wird deutlich, dass Ungarn im Vergleich zu den vorherigen Jahren von ‚frei' auf ‚teilweise frei' herabgestuft worden ist (vgl. Freedom House 2012 b: 15).

[65] Der neuen Verfassung (Art. 44) zufolge hat der Haushaltsrat nicht nur das Recht hat, ein Veto gegen den Staatshaushalt einzulegen, sondern dieses Gremium kann nach politischen Motiven handeln und dementsprechend von seinem Vetorecht Gebrauch machen (vgl. Halmai 2011: 154).

[66] Der ungarische Haushaltsrat besteht aus drei Mitgliedern, von denen zwei von der Regierung ernannt werden und bis mindestens 2019 im Amt bleiben (vgl. Halmai 2011: 154).

[67] In der Neuen Verfassung wird nicht nur in keinem Artikel die Autonomie der kommunalen Selbstverwaltung erwähnt, sondern es wurden neben den gewählten Körperschaften der 19 Komitate Regierungsbehörden geschaffen, wodurch die politische und verwaltungsmäßige Selbständigkeit der Gemeinden eingeschränkt wird (vgl. Magyar 2011: 97).

[68] Für diese beiden Indikatoren können keine Zahlenwerte nach 2006 ermittelt werden, da bei der angegebenen Quelle (‚Minorities at Risk'-Projekt) nur Werte bis einschließlich 2006 erhoben worden sind. Es kann jedoch davon ausgegangen werden, dass man bei beiden Indikatoren für die Jahre 2011 und 2012 sehr hohe Werte erhalten sollte, da sich die politische Situation für Roma in Ungarn nicht verändert bzw. verschlechtert hat.

tische Ausgrenzung[69] von einzelnen gesellschaftlichen Minderheiten aufzeigen. Ausschließlich ein Indikator kann in Grundzügen die Implikationen des neuen Wahlgesetzes andeuten, wodurch das ungarische Wahlsystem zu einer sehr disproportionalen Variante[70] gestaltet wird (vgl. Bozóski 2011: 81). Während der Indikator ‚Meandistrict' nur darstellen kann, dass sich die durchschnittliche Wahlkreisgröße verändert, weil die Zahl der Parlamentssitze verringert wird, kann kein Indikator veranschaulichen, dass die Fidesz-Regierung mit den Änderungen im Wahlgesetz[71] auf den eigenen Machterhalt abzielt, indem beispielsweise kleinere Parteien sowie politische Alternativen im Vorfeld aussortiert werden (vgl. Bozóki 2011: 80f.).

Ebenso ist im Demokratiebarometer kein Indikator vorgesehen, der illustriert, welche Absichten mit der Änderung des Zentralbankgesetzes[72] von der derzeitigen Regierung verfolgt werden, nämlich den Einfluss der Regierung auf die Geldpolitik Ungarns zu erhöhen, indem entscheidende Posten der Zentralbank mit Fidesz-Anhänger besetzt werden und somit der ungarischen Zentralbank ihre politische Unabhängigkeit genommen wird.

Die Reaktionen der Bevölkerung auf die Regierungspolitik des Fidesz und die Verfassungsänderung sollte ein Indikator des Demokratiebarometers[73] abbilden, denn am 2. Januar 2012 versammeln sich Zehntausende in Budapest und demonstrieren gegen die Fidesz-Regierung und die Einführung der neuen ungarischen Verfassung (vgl. Hebel 2012).

Tabelle A sowie die Auswertung der Ergebnisse zur Verlängerung der Indikatoren stützen *Hypothese 1*. Es wird gezeigt, dass das Demokratiebarometer den Wandel der Demokratiequalität in Ungarn nicht abbilden kann, weil es zu viele Indikatoren sind und die Auswahl zu ungenau ist. Insgesamt können nur zehn von hundert Indikatoren Hinweise auf einen Demokratiewandel in Ungarn geben, wobei sieben von ihnen verdeutlichen, dass sich infolge der Parlamentswahlen 2010 eine Einparteienmehrheitsregierung bilden kann und

---

[69] Die antisoziale Politik des Fidesz gegenüber Minderheiten wird an dem folgenden Beispiel deutlich: Die Regierung unter Orbán sorgt dafür, dass Familien mit Kindern Steuervergünstigen bekommen, während kinderreiche Roma-Familien ausdrücklich davon ausgeschlossen sind (vgl. Bozóki: 80).

[70] Das Beibehalten der Fünf-Prozent-Hürde sowie die übertrieben stark reduzierte Anzahl an Parlamentssitzen, welche über landesweite Listen vergeben werden, trägt dazu bei, dass sich das ungarische Mischwahlsystem zu einem sehr disproportionalen Wahlsystem in Europa entwickelt (vgl. Bozóki 2011: 81).

[71] Laut dem neuen Wahlgesetz soll es nur noch einen Wahlgang geben. Außerdem wird die Anzahl an Parlamentssitzen von 386 auf 199 verringert, wodurch die Wahlkreise vergrößert werden und die kleineren Parteien für ihre Teilnahme an der Wahl gezwungen sind, doppelt so viele Unterstützungserklärungen wie bisher zu sammeln (vgl. Bozóki 2011: 80). Infolge des neuen Wahlgesetzes wird vor allem die siegreiche Partei mit weiteren Parlamentssitzen belohnt (vgl. Bozóki 2011: 80).

[72] Der Geldpolitische Rat wird 2011 mit Fidesz-Anhängern neu besetzt und im Januar 2012 tritt ein Gesetz in Kraft, welches die Zusammenlegung der ungarischen Zentralbank mit der Finanzmarktaufsicht vorsieht, wodurch die Regierung, einen neuen Präsidenten der Zentralbank ernennen kann (vgl. Magyar 2011: 97).

[73] Es kann für den Indikator ‚Antigovact' kein Zahlenwert ermittelt werden, da dieser einer multiplen linearen Regression basiert, die sehr zeitintensiv wäre und den Rahmen dieser Masterarbeit überschreitet.

somit eine unausgeglichene Machtkonstellation im Parlament entsteht. Während für die drei anderen Indikatoren zwar keine Zahlenwerte aufgrund mangelnder Replizierbarkeit ermittelt werden können, sollten sie trotzdem aufzeigen, dass durch den Medienrat die ungarische Pressefreiheit eingeschränkt wird und die Demonstrationen den Protest der Bevölkerung gegen die derzeitige Regierungspolitik verdeutlichen.

Dennoch kann keiner der Indikatoren abbilden, dass eine Partei mithilfe der qualifizierten Mehrheit dazu in der Lage war, alleine Gesetzes- und Verfassungsänderungen zu verabschieden, um die eigene Machtposition zu stärken bzw. dauerhaft zu festigen und gleichzeitig andere Vetopunkte im politischen Systems Ungarns zu schwächen, indem einerseits Führungspositionen in unabhängigen Institutionen mit Fidesz-Anhängern besetzt und andererseits die Kompetenzen der Judikative insbesondere des Verfassungsgerichts eingeschränkt werden. Nun stellt sich die Frage, warum das Demokratiebarometer die Entwicklung der Demokratiequalität in Ungarn nicht darstellen kann. Daher wird im nachfolgenden Abschnitt geklärt, worin dafür die Ursachen liegen.

4.2   Ursachen für das Scheitern des Demokratiebarometers

Warum kann das Demokratiebarometer die negative Entwicklung der Demokratiequalität in Ungarn nicht erfassen? Im Laufe der Auswertung der empirischen Ergebnisse hat sich herausgestellt, dass unterschiedliche Faktoren dafür verantwortlich sind, warum das Demokratiebarometer ungeeignet ist, um den Wandel in Ungarn zu veranschaulichen.

Es kann festgestellt werden, dass ein Mangel des Demokratiebarometers die Auswahl der Indikatoren ist. Insgesamt sind die Indikatoren zu ungenau bzw. zu unscharf, um die Implikationen der Parlamentswahl und des Regierungswechsels 2010 abzubilden. Obwohl ein Vorteil des Demokratiebarometers gegenüber anderen Demokratieindizes darin bestehen soll, die Verfassungswirklichkeit und die effektive Wirkung von Institutionen mit zu berücksichtigen, stellt sich diese Überlegung beim ausgewählten Länderbeispiel als Fehlschluss heraus. Dadurch, dass sich diese Indikatoren nur auf verfassungsrechtliche Regelungen beziehen, können viele verabschiedete Gesetzesänderungen, die die Judikative schwächen und die Machtposition der Regierung und des MP stärken, nicht mithilfe des Demokratiebarometers abgebildet werden.

Auch anhand der Auswahl der Indikatoren für die Dimension Kontrolle wird dieses Manko deutlich. Die Funktionen Wettbewerb und Gewaltenkontrolle stellen nur die Veränderung des Machtverhältnisses zwischen Regierung und Opposition im Parlament dar, aber sie können nicht verdeutlichen, dass die horizontale Gewaltenteilung unterminiert wird. Somit ist die Validität der Messung eher fragwürdig, da es zu Verzerrungen kommt. Es wird teilweise nicht das gemessen, was gemessen werden soll. Es ist nicht ausreichend, die Verfassungswirklichkeit nur anhand der Existenz von verfassungsrechtlichen Bestimmungen zu messen. Der politische Einfluss auf die Medien in Form eines Kontrollrats ist beispielsweise in einem anderen Gesetz geregelt, obwohl die neue Verfassung die Pressefreiheit (Art. IX Abs. 2) garantiert.

Außerdem kann die Validität der Messung dahingehend bezweifelt werden, dass die vielen Indikatoren die Stabilität der Messung beinträchtigen und auch die Validität der Indikatoren wird hinsichtlich der Breite der Quellenbasis eingeschränkt. Absichtlich sind nur Indikatoren ausgewählt worden, die auf Daten aus statistischen Sekundärquellen oder repräsentativen Bevölkerungsumfragen basieren, währenddessen keine Indikatoren berücksichtigt werden, die auf Experteneinschätzungen beruhen.

Als eine andere Schwachstelle des Demokratiebarometers hat sich die Replizierbarkeit der von den Projektmitarbeitern selbstständig erhobenen und berechneten Datenwerte mehrerer Indikatoren erwiesen. Infolge der Verlängerung der Indikatoren für Ungarn stellt sich heraus, dass die Messung mit dem Demokratiebarometer wenig Reliabilität aufweist. Wenn man bei der Berechnung der Datenwerte mehrerer Indikatoren[74] die im Codebuch angegebene Formel für frühere Jahre verwendet und mit den unstandardisierten Zahlenwerten vom Demokratiebarometer vergleicht, stimmen sie nicht überein.

Darüber hinaus kann bei der Verlängerung der Indikatoren festgestellt werden, dass die Umsetzung selbstgewählter formaler Kriterien verfehlt wird. Zunächst erweckt die Idee, Messfehler zu reduzieren, indem jede Subkomponente mit mindestens zwei Indikatoren aus unterschiedlichen Quellen gemessen wird, den Eindruck, dass beim Demokratiebarometer versucht wird, eine möglichst breite Quellenbasis (vgl. Lauth 2004: 306-307) miteinzubeziehen. Aber dieser Anspruch wird bei mehreren Subkomponenten nicht eingehalten. Bei vielen Subkomponenten der Funktionen Öffentlichkeit, Regierungs- und Implementierungsfähigkeit, Transparenz sowie Partizipation werden für die beiden Indikato-

---

[74] Dies ist beispielsweise bei den Indikatoren Largpavo, Seatdiff, Smallpavo, Nuparties der Funktion Wettbewerb und bei den Indikatoren Balpowexle der Funktion Gewaltenkontrolle der Fall.

ren[75] trotzdem dieselben Sekundärquellen verwendet. Daher sind diese Indikatoren auch nicht trennscharf, sondern redundant.

Es gibt ebenfalls Probleme bezüglich der Quellenangaben. Mehrere Zahlenwerte für Indikatoren können nicht erhoben werden, da nicht nachvollziehbar ist, welche Variablen von den Sekundärdatenquellen verwendet werden.

Ferner orientieren sich das ausgewählte Demokratiekonzept und die Variablen zu nah an westlichen Demokratiestandards. Aus diesem Grund ist es schwierig, die Demokratiequalität osteuropäischer Demokratien, deren Systemwechsel sich erst in den 1990er Jahren ereignet und als problematisch bzw. mit dem Begriff „Dilemma der Gleichzeitigkeit[76]" beschrieben wird, mit denselben Demokratiestandards zu erfassen. Zwar wird Ungarns Systemtransformation oftmals als gelungen eingestuft und das Land gilt als konsolidiert[77] (vgl. Merkel 2010: 430). Dennoch findet in Ungarn nach der Transformation beispielsweise kein vollständiger Elitenwechsel statt. Außerdem hat sich in den vergangenen Jahren ein bipolares Parteiensystem entwickelt, indem sich die Parteien inhaltlich aufgrund mangelnder Konsensfähigkeit immer weiter voneinander entfernt haben und letztendlich die Parteien nicht mehr koalitionsfähig[78] sind (vgl. Dieringer 2009: 7). Diese Entwicklungen deuten darauf hin, dass die Demokratiequalität in osteuropäischen Ländern sich durchaus von jenen in Schweden, Finnland, Großbritannien und Deutschland unterscheidet.

Nachdem unterschiedliche Ursachen für das Scheitern des Demokratiebarometers vorgestellt und letztendlich gezeigt wird, warum das Demokratiebarometer als Messindex die Verschlechterung der Demokratiequalität in Ungarn nicht abbilden kann, gilt es im nachfolgenden Kapitel zu klären, wie demgegenüber Experten den Wandel der ungarischen Demokratiequalität einschätzen.

---

[75] Dieser Umstand trifft u.a. auf die Indikatoren Balpress und Neutrnp, Antigovact und Violantigov, Legmedia und Polmedia sowie Petition und Demonstration zu.

[76] Mit dieser Bezeichnung beschreiben Jon Elster (1990) und Claus Offe (1991; 1994) drei Transformationsprozesse, die im postkommunistischen Osteuropa gleichzeitig ablaufen: den Übergang von der Diktatur zur Demokratie (politische Transformation), den Wechsel von der Kommando- zur Marktwirtschaft (wirtschaftliche Transformation) und der Zerfall der Sowjetunion und die Gründung neuer Nationalstaaten (die staatliche Transformation). (vgl. Merkel 2010: 324).

[77] Bereits seit seiner Gründungwahl 1990 wird Ungarn zu den liberalen Demokratien gezählt (Merkel et al. 2003; Schultze 2010: 132).

[78] In Hinblick auf Ungarn spricht Dieringer (2009) sogar von der Entparlamentarisierung des politischen Systems, weil die parlamentarischen Rechte nicht sinnvoll wahrgenommen werden. Untersuchungsausschüsse beispielsweise bringen keine Ergebnisse hervor, da die Mehrheit absichtlich mit Verfahrenstricks die Arbeit behindert (vgl. Dieringer 2009: 9).

5   Vergleich zwischen Demokratiebarometer und Experteneinschätzungen

Im Demokratiebarometer wird für die Bestimmung der Demokratiequalität, insbesondere bei der Auswahl der Quellen für die Indikatoren auf Experteneinschätzungen verzichtet. Nun geht es in diesem Teil des Buches darum, zu vergleichen, welche Standpunkte Experten in Hinblick auf den Wandel der Demokratiequalität in Ungarn vertreten. Da die Veränderung der ungarischen Demokratie eine aktuelle Entwicklung darstellt, die sich erst infolge des Regierungswechsels im Jahr 2010 und der disproportionalen Machtkonstellation im ungarischen Parlament zeigt, sind bislang keine empirischen Analysen[79] veröffentlicht worden, welche sich mit den Implikationen für die ungarische Demokratie beschäftigen. Aus diesem Grund sind vier deskriptive Analysen[80] ausgewählt worden, mit deren Hilfe herausgefunden werden soll, welche Meinungen Experten zur Veränderung der Demokratiequalität in Ungarn äußern und worin sich diese Standpunkte von den Ergebnissen der Verlängerung der Indikatoren beim Demokratiebarometer unterscheiden.

Hierfür wird in Abschnitt 5.1 eine Inhaltsanalyse durchgeführt, um festzustellen, wie die vier Experten die seit der Wahl 2010 verabschiedeten Gesetz- und Verfassungsänderungen, die auf eine Verschlechterung der Demokratiequalität in Ungarn hindeuten, einschätzen, ehe unter 5.2 verglichen wird, inwiefern die Experteneinschätzungen zur Entwicklung der Demokratiequalität in Ungarn von den eigenen Ergebnissen aus der Analyse des Demokratiebarometers abweichen. Abschließend veranschaulicht Abschnitt 5.3, welche institutionellen Faktoren zur Verschlechterung der Demokratiequalität in Ungarn beitragen, aber nicht von Indikatoren des Demokratiebarometers abgebildet werden.

---

[79] Zwar existieren einige empirische Analysen u.a. von Szabó und Lux (2010), deren Studie darauf abzielt, die Effekte der ungarischen Parlamentswahl 2010 auf das Parteiensystem und auf die politische Kultur darzulegen. Hierbei wird aber nur angedeutet, dass der ungarische Parlamentarismus und die demokratisch-politische Kultur weiterentwickelt werden muss (vgl. Szabó/Lux 2010: 147).

[80] Bei den ausgewählten deskriptiven Analysen handelt es sich um Zeitschriftenaufsätze, die in der Dezemberausgabe 2011 in der interdisziplinären Zeitschrift Osteuropa erschienen sind.

5.1   Die Entwicklung der ungarischen Demokratie aus Sicht von Experten

Wie beurteilen Experten den demokratischen Wandel in Ungarn? Stimmen sie damit überein, dass sich die Demokratiequalität in Ungarn seit den Parlamentswahlen 2010 verschlechtert hat oder vertreten sie andere Standpunkte? Diese Fragen werden in diesem Abschnitt anhand der Einschätzungen von vier Experten zu den Entwicklungen der Demokratiequalität in Ungarn beantwortet. Zu diesem Zweck ist eine Übersicht (Tabelle B) erstellt worden, mit deren Hilfe erkennbar wird, wie vier Experten die seit der Wahl 2010 verabschiedeten Gesetz- und Verfassungsänderungen, die auf eine Verschlechterung der Demokratiequalität in Ungarn hindeuten, einschätzen und bewerten.

Anhand der Tabelle B wird deutlich, dass die Veränderung des Kräfteverhältnisses zwischen Regierung und Opposition und das dadurch entstandene Ungleichgewicht im Parlament überwiegend als Beginn eines Umbaus des politischen Systems verstanden wird, der auf eine systematische Aufhebung der Gewaltenteilung abzielt (vgl. Bozóki 2011: 86; Magyar 2011: 95). Nur Bos (2011) geht davon aus, dass es sich lediglich um einen Regierungswechsel in einem demokratischen System handelt, wobei die Gewaltenteilung nicht gefährdet sei (vgl. Bos 2011: 60).

Tabelle 2: **Wie bewerten Experten den Wandel der Demokratie in Ungarn?**

	Expertenmeinungen			
Wahl 2010 + Gesetzes- und Verfassungsänderungen	**Bos[81] (2011)**	**Bozóki[82] (2011)**	**Magyar[83] (2011)**	**Halmai[84] (2011)**
Zweidrittelmehrheit für Wahlbündnis Fidesz-KDNP	„Höhe des Wahlsiegs ist außergewöhnlich, der Regierungswechsel nach einer Wahl ist es in einem demokratischen System aber nicht" (60)	„seit ihrem Amtsantritt im April 2010 baut die Regierung unter Viktor Orbán das politische System Ungarns um" (65) „Im Herbst 2011 hat die Regierung in sämtlichen der Kontrolle der Staatsmacht dienenden Institutionen ihre eigenen Leute etabliert und damit das System der Gewaltenteilung praktisch beseitigt (86)	„Mit der parlamentarischen Zweidrittelmehrheit konnte Orbán fast alle institutionellen Machtbeschränkungen beseitigen" (89) „[...] Zweidrittelmehrheit ermöglichte dem Fidesz eine systematische Aufhebung der Gewaltenteilung" (95)	
Verfassungsgericht: a) Nominierung der Verfassungsrichter			„Vor allem hat der Fidesz [...] die zuvor vorgeschriebene Beteiligung der Opposition bei der Besetzung vakanter Richterpositionen aufgehoben. Seitdem hievt Orbán seine Kandidaten in das Verfassungsgericht [...]" (97)	Neuregelung des Berufsverfahrens für das Verfassungsgericht = schwächt es in seiner Funktion als Wächter der Grundrechte (149) Reform des Berufungsverfahren für Verfassungsrichter sichert den Regierungsparteien dank Zweidrittelmehrheit das exklusive Recht, Richter zu nominieren (150)

---

[81] **Ellen Bos** (1960), Prof. Dr. phil., Politikwissenschaftlerin, Andrássy Universität, Budapest.
[82] **András Bozóki** (1959), Ph.D., Politikwissenschaftler, Professor an der Central European University, Budapest.
[83] **Bálint Magyar** (1952), Soziologe, Gründungsmitglied des Bundes Freier Demokraten (SDSZ), Minister für Bildung, Wissenschaft und Kultur a.D., Budapest.
[84] **Gábor Halmai** (1951), Prof. Dr. iur., Direktor des Instituts für Politische und Internationale Studien, Eötvös-Lóránd-Universität, Budapest.

b) Einschränkung der Kontrollkompetenzen des Verfassungsgerichts	„[...] Verfassungsgericht hat trotz der Beschneidung seiner Kompetenzen und der Ernennung von Fidesz-nahen Richtern seine Kontrollfunktion nicht vollständig eingebüßt." (60)	„mit einer Verfassungsänderung entzog der Fidesz dem höchsten Gericht die Kontrollkompetenz bei Steuer- und Finanzgesetzen" (97)	Der Schutz der Grundrechte wird [...] durch die Schwächung institutioneller und verfahrensrechtlicher Garantien ausgehöhlt (149) „ist eine Verletzung von Art. 2 EUV, wonach jeder EU-Staat die Einhaltung der Grundrechte [...] zu garantieren hat (149)
c) Senkung des Pensionsalter von Richtern und Staatsanwälten		„Die Regierung hat [...] mit der vorzeitigen Zwangspensionierung von Richtern einen Angriff auf die Gerichte begonnen" (86) „Um die Mehrheitsverhältnisse schneller zu ändern, hat der Fidesz zudem die Altersgrenze der amtierenden Richter gesenkt" (97)	
d) Begrenzung des Personenkreises, der eine Überprüfung durch das Verfassungsgericht initiieren kann			Abschaffung der Popularklage lässt das hohe Niveau zur Sicherstellung des Grundrechteschutzes spürbar sinken (149)
Neues Mediengesetz (Schaffung eines Mediernrats)	„Ob die Anwendung des Mediengesetzes zu einer Einschränkung der Medienfreiheit führt, wird von der Praxis des Medienrats und der NMHH[85] abhängen." (56) kein Ende der Pressefreiheit und auch keine Einführung von Zensur (56) „Mit dem Mediengesetz von 2010 schuf die Regierung eine zentrale Kontrollbehörde" (79) „Es ist denkbar, dass die Medienbehörde nicht jede Bestimmung des Gesetzes anwendet, doch die Möglichkeit, dass sie es jederzeit tun könnte, ist für die ungarische Demokratie bedrohlich genug." (80)	„Das neue Mediengesetz hat die öffentlich-rechtlichen Medien in vom Fidesz kontrollierte und gelenkte Staatsmedien verwandelt" (98) „Die privaten Medien sind zur Entpolitisierung und Selbstzensur gezwungen [...]" (98)	

---

85 Die Nationale Medien- und Kommunikationsbehörde (NMHH) ist neben dem Medienrat ein weiteres neu geschaffenes Kontroll- und Aufsichtsgremium, welches bei Verstößen gegen das Mediengesetz nicht nur Geldstrafen verhängen, sondern auch unmittelbar durch Verordnungen Einfluss auf die Tätigkeit der Medien nehmen kann, z.B. Sendungen absetzen (vgl. Bos 2011: 55).

Schaffung eines Haushaltsrats	„Parlament wird in einer seiner Kernfunktionen, dem Budgetrecht eingeschränkt" (54) „ohne den Konsens des neu eingeführten Haushaltsrates wird Parlament den Staatshaushalt in Zukunft nicht mehr verabschieden können" (55)	Fidesz nimmt unabhängige Institutionen ein (97) „Den Haushaltsrat [...] ließ Orbán neu besetzen" (97)	Vetorecht gegen Staatshaushalt = beinhaltet mögliche Machtmissbrauch, da es auch aus politischen Motiven genutzt werden kann, weil im Grundgesetz nicht eindeutig festlegt ist, worauf sich das Vetorecht genau erstreckt (154)
Einschränkung der Autonomie der kommunalen Selbstverwaltung	„Anstatt das Systeme starker Kommunen beizubehalten, entzieht die Regierung ihnen finanzielle Mittel und zentralisiert einen großen Teil ihrer Funktionen" (86)	„Orbán hat [...] auch die vertikale Gewaltenteilung beseitigt, indem er die Autonomie der kommunalen Selbstverwaltung eingeschränkt hat" (97) „Die Zentralisierung wurde weiter vorangetrieben [...]" (97f.)	
Verfassungsrechtliche Diskriminierung von Minderheiten	„Das neue Grundgesetz [...] spricht von einer einheitlichen Nation, in der die einzelnen gesellschaftlichen Minderheiten nicht mit gleichem Gewicht vertreten sind" (85)		
Neues Wahlgesetz	„Das Gesetz hat den Zweck, die Siegeschancen der gegenwärtig größten Partei aufrecht zu halten" (80) „das neue Wahlgesetz zielt darauf ab, kleinere Parteien und politische Alternativen im Voraus auszusieben" (81)	„Ein direkt wirkendes Instrument zur Betonierung der Fidesz-Macht ist die Änderung des Wahlrechts" (98) Technik der Machterhaltung = Konzentration der Stimmen + Stärkung der großen Parteien (98)	

| Änderung des Zentral-bankgesetz | | „Der Geldpolitische Rat wurde mit Fidesz-Leuten besetzt, zum 1. Januar 2012 trat ein Gesetz in Kraft, das die Zusammenlegung der Zentralbank mit der Finanzmarktaufsicht vorsieht und auf diesem Weg der Regierung erlaubt, einen neuen Präsidenten der Zentralbank zu ernennen. (97) | |
| Demonstrationen gegen neue Verfassung und Regierungspolitik | „Demonstrationen zeigen, dass viele Menschen in Ungarn mit dem Anspruch der Regierung Orbán nicht übereinstimmen, sich als Teil einer politisch-moralischen Gemeinschaft zu identifizieren, deren Werte von oben verordnet werden" (61) | „Ende 2011 zeichnen sich bereits die Hauptangelpunkte des Protests ab, die sich rund um die heute noch schwachen Oppositionsparteien, die unter neuer Führung stehenden unabhängigen Gewerkschaften und die immer aktiver werdenden Facebook-Gruppen herauskristallisieren" (87) | |

Quelle: Eigene Darstellung

45

Diejenigen Gesetzes- und Verfassungsänderungen, die das ungarische Verfassungsgericht betreffen, werden von der Mehrheit[86] der Experten als negativ bewertet. Die Einschätzungen reichen von einer Unterminierung der institutionalisierten Praxis der Rechtsstaatlichkeit (Bozóki 2011: 77) bis hin zur weitgehenden Ausschaltung des Verfassungsgerichts (vgl. Magyar 2011: 97).

Während die Verfassungsreform, welche die Veränderung des Nominierungsverfahrens der Verfassungsrichter zur Folge hat, von zwei Experten als gezielte Strategie verstanden wird, um die unabhängige Rechtsprechung mit eigenen Anhängern zu besetzen und langfristig personelle Präferenzen festzuschreiben (vgl. Magyar 2011: 97; Halmai 2011: 150, 153), wird die beschränkte Kontrollkompetenz des Verfassungsgericht bei Steuer- und Finanzgesetzen sogar als Einschränkung des Grundrechteschutzes aufgefasst (vgl. Halmai 2011: 149). Denn das Verfassungsgericht sei infolge der Schwächung seiner nachträglichen Prüfungskompetenz, deutlich weniger dazu in der Lage, die Einhaltung der Grundrechte zu garantieren, z.B. Achtung der Menschwürde, Freiheit, Demokratie, Gleichheit, Minderheitenrechte (ebd.: 149). Bos (2011) hingegen vertritt die Meinung, dass das Verfassungsgericht seine Kontrollfunktion nicht komplett eingebüßt hat, obwohl es in seinen Kompetenzen beschnitten wird und dem Fidesz nahestehende Richter ernannt werden (vgl. Bos 2011: 60). Die Senkung des Pensionsalters von Richtern und Staatsanwälten hingegen wird als Zwangspensionierung von Richtern sowie Angriff auf die unabhängige Rechtsprechung (vgl. Bozóki 2011: 86) gewertet, aber auch als Option für den Fidesz gesehen, um schneller Mehrheitsverhältnisse zu ändern (Magyar 2011: 97). Eine ähnliche Einschätzung wird bezüglich der verfassungsrechtlichen Begrenzung des Personenkreises getroffen, welcher eine Überprüfung durch das Verfassungsgericht initiieren kann. Infolge der Abschaffung der Popularklage, nach der jedermann eine Normenkontrolle anstrengen konnte, sei das hohe Niveau zur Sicherstellung des Grundrechteschutzes deutlich gesunken (vgl. Halmai 2011: 149).

Die Implikationen des neuen Mediengesetzes werden von zwei Experten eindeutig als Einschränkung der Pressefreiheit bezeichnet (vgl. Bozóki 2011: 86), wobei in diesem Zusammenhang sogar die Bezeichnung „kontrollierte und gelenkte Staatsmedien" verwendet wird (Magyar 2011: 98). Insbesondere der Medienrat wird als eine zentrale Kontrollbehörde verstanden, die mit Fidesz-Anhängern besetzt wird (vgl. Bozóki 2011: 79). Darüber hinaus

---

[86] Nur Ellen Bos (2011) deutet die Situation anders. Ihrer Meinung nach sei das Verfassungsgericht infolge einiger Reformen der Fidesz zwar geschwächt worden, aber es hat seine Kontrollfunktion nicht vollständig eingebüßt (vgl. Bos 2011: 60).

wird bemängelt, dass diese Medienbehörde beträchtliche Geldstrafen gegen Programmge-
stalter von Radio und Fernsehen, gedruckte und elektronische Zeitungen sowie Blogger
verhängen kann und somit den Grundsatz der Pressefreiheit verletzt (ebd.: 79f.). Bos
(2011) hingegen vertritt die Meinung, dass es zwar von der Praxis des Medienrats abhängig ist, ob die Medienfreiheit in der Praxis eingeschränkt wird, dennoch sei es nicht angemessen, vom Ende der Pressefreit und der Einführung einer Pressezensur zu reden (vgl.
Bos 2011: 56).

In Bezug auf den neu geschaffenen Haushaltsrat sind sich die Experten dahingehend einig,
dass dieser Budgetrat das ungarische Parlament nicht nur in einer seiner Kernkompetenzen,
sondern auch in seiner Handlungsfreiheit einschränkt, weil ohne eine Zustimmung dieses
Gremiums das Parlament den Staatshaushalt nicht mehr verabschieden kann (ebd.: 54f.).
Ferner wird kritisiert, dass beim Vetorecht, welches der Budgetrat gegen den Staatshaushalt einlegen kann, nicht eindeutig definiert ist, worauf es sich genau erstreckt und es gibt
keine Garantieren gegen einen möglichen Machtmissbrauch[87] (vgl. Halmai 2011: 154).

Die Einschränkung der kommunalen Selbstverwaltung wird ebenso von zwei Experten als
nachteilig bewertet. Während einerseits kritisiert wird, dass das System der starken Kommunen beseitigt wurde, indem ein Großteil ihrer Kompetenzen zentralisiert und ihnen finanzielle Mittel entzogen worden sind (vgl. Bozóki 2011: 86), wird andererseits sogar von
der Beseitigung der vertikalen Gewaltenteilung gesprochen (vgl. Magyar 2011: 97). Auch
die verfassungsrechtliche Diskriminierung von Minderheiten bewertet Bozóki (2011) als
Benachteiligung einzelner gesellschaftlicher Minoritäten, weil die neue Verfassung explizit
Religion, Tradition, familiäre und nationale Werte hervorhebt, währenddessen Minderheiten ausgeschlossen werden (vgl. Bozóki 2011: 85).

Des Weiteren wird bemängelt, dass das neue Wahlgesetz darauf abzielt, die Machterhaltung des Fidesz zu gewährleisten (Bozóki 2011: 80; Magyar 2011: 98). Das Ziel der Wahlrechtsreform sei nicht die proportionale Abbildung der Bevölkerung, sondern die Konzentration der Stimmen (vgl. Magyar 2011: 98). Vor allem kleinere Parteien sowie politische
Alternativen werden mithilfe des neuen Wahlgesetzes im Voraus ausgegrenzt (vgl. Bozóki
2011: 81).

---

[87] Da die Kompetenz und Verantwortlichkeit für das Entwerfen des Haushalts bei der jeweiligen Regierungsmehrheit liegen, wären Garantien gegen einen möglichen Machtmissbrauch notwendig (vgl. Halmai
2011: 154). Sollte es zu einem Regierungswechsel kommen, steigt die Wahrscheinlichkeit, dass der
Haushaltsrat sein Vetorecht aufgrund politischer Motive nutzt (ebd.: 154).

An der Änderung des Zentralbankgesetzes, wonach die Zentralbank mit der Finanzmarkt-aufsicht zusammengelegt wird, sei negativ, dass das Gesetz der Regierung gestattet, einen neuen Präsidenten der Notenbank zu ernennen und es dem Ministerpräsident erlaubt, einen vierten stellvertretenden Notenbank-Präsidenten zu ernennen (vgl. Magyar 2011: 97). Auf diese Weise kann die Regierung ihren politischen Einfluss auf eine unabhängige Institution erhöhen (ebd.: 97). Die Reaktionen der Bevölkerung gegen die neue Verfassung und die Regierungspolitik von Orbán werden von zwei Experten ebenso kritisch betrachtet. Denn die Demonstration und Protestaktionen verdeutlichen, dass ein Großteil der ungarischen Bevölkerung nicht mit der von oben verordneten Regierungspolitik übereinstimmt (vgl. Bos 2011: 63; vgl. Bozóki 2011: 86f.).

Insgesamt betrachtet sind sich alle vier Experten dahingehend einig, dass sich die Demo-kratie in Ungarn seit dem Regierungswechsel 2010 verändert hat und die Orbán-Regierung die ungarische Demokratiequalität negativ beeinflusst (vgl. Bos 2011: 63; Bozóki 2011: 87; Halmai 2011: 155; Magyar 2011: 95). Dennoch stufen die vier Experten die Entwick-lung der Demokratie unterschiedlich ein.

Während Bos (2011) zustimmt, dass die politischen Reformen unter der Regierung von Orbán einige der wenigen Vetopunkte, wie beispielsweise das Parlament und das Verfas-sungsgericht, geschwächt haben, teilt sie nicht die Annahme, dass in Ungarn ein autoritäres System errichtet und die Gewaltenteilung aufgehoben wird (vgl. Bos 2011: 60). Auf die ungarische Demokratiequalität wirkt sich eher die Polarisierung der ungarischen Eliten sowie die Neigung, die Legitimität und Integrität des politischen Gegners zu hinterfra-gen[88], negativ aus (ebd.: 62). Dennoch ist Bos davon überzeugt, dass das politische System Ungarns zur Selbstkorrektur fähig sei (ebd.: 63).

Wesentlich negativer wird der Demokratiewandel von den drei anderen Experten wahrge-nommen und bewertet. Bozóki (2011) beispielsweise spricht von einer Krise der ungari-schen Demokratie (vgl. Bozóki 2011: 87). Zwar sei Ungarn noch immer eine Demokratie mit Mehrparteiensystem, aber es handelt sich nicht mehr um eine moderne, liberale Vari-ante, sondern eine nichtkompetitive Mehrheitsdemokratie habe sich entwickelt (ebd.: 87).

Magyar (2011) ist sogar davon überzeugt, dass die liberale Demokratie in Ungarn demon-tiert wird und der Fidesz eine autokratische Herrschaft errichtet hat (vgl. Magyar 2011: 92). Auch Halmai (2011) bescheinigt der ungarischen Demokratie Fragilität, denn die neue

---

[88] Hierbei verweist Bos (2011) darauf, dass Parteienpluralismus und Wettbewerb für demokratische Systeme kennzeichnend sind, wobei ein von allen geteilter Grundkonsens über die demokratischen Werte und Ver-fahren essentiell sei (vgl. Bos 2011: 62).

Verfassung beinhalte illiberale Tendenzen, wonach die Möglichkeit gegeben sei, dass sich ein autokratisches System entwickelt (vgl. Halmai 2011: 155). Insbesondere die Rechtsstaatlichkeit[89] sei in Gefahr, wenn für Verstöße gegen die neue Verfassung keine effektiven konstitutionellen Konsequenzen beabsichtigt sind (ebd.: 155).

Nachdem festgestellt werden kann, dass den Expertenmeinungen zufolge die Regierung unter Premierminister Orbán einen negativen Einfluss auf die ungarische Demokratiequalität hat, wird im nächsten Abschnitt analysiert, inwiefern die Experteneinschätzungen von den eigenen Ergebnissen aus der Analyse zu den Indikatoren des Demokratiebarometers divergieren.

5.2   Der Wandel der ungarischen Demokratiequalität im Vergleich

Bisher ist in diesem Buch deutlich geworden, dass es seit den Parlamentswahlen im Jahr 2010 einen Wandel in der ungarischen Demokratiequalität gibt und diese Entwicklung unterschiedlich gewertet wird, wobei die Experten darin übereinstimmen, dass es sich insgesamt um negative Veränderungen handelt, welche die Demokratie in Ungarn nachhaltig beeinflussen. Nun soll geklärt werden, worin sich die eigenen Ergebnisse aus der Analyse des Demokratiebarometers von den Experteneinschätzungen zur Entwicklung der Demokratiequalität in Ungarn unterscheiden, daher wurde eine Übersicht (Tabelle C) erstellt.

Aus dem Vergleich in Tabelle C geht hervor, dass die unausgeglichene Machtbalance zwischen Regierung und Opposition, welche infolge der Wahlen 2010 im ungarischen Parlament entstanden ist, nicht nur vom Demokratiebarometer erfasst, sondern auch von den Experten als hauptsächlich negativ gewertet wird. Dennoch sollte hierbei in Hinblick auf das Demokratiebarometer berücksichtigt werden, dass die Indikatoren zwar das unausgewogene Machtverhältnis anzeigen, aber nicht erkennbar wird, welche politischen Optionen es dem Fidesz ermöglichen, um u.a. die eigene Machtstellung zu vergrößern, sich dauerhaft Einflussmöglichkeiten zu schaffen und den Kompetenzbereich des Verfassungsgerichts einzuschränken. Insbesondere diejenigen Gesetze, für deren Änderung eine qualifizierte Mehrheit von zwei Dritteln notwendig ist, und die Option, eine neue Verfassung

---

[89] Wenn die Handlungseinheit zwischen Parlament und Regierung sehr eng ist, sollte das verfassungsmäßig garantierte Prüfungsrecht breiter angelegt sein, um eine ausgeglichene Machtbalance sicherzustellen (vgl. Halmai 2011: 155).

mithilfe einer Zweidrittelmehrheit im Parlament zu verabschieden, ermöglichen einer Partei alleine, neue institutionell verankerte Spielregeln zu ihren Gunsten festzulegen.

Tabelle 3: Die Entwicklung der Demokratiequalität in Ungarn aus vergleichender Perspektive

Wahl 2010 + Gesetzes- und Verfassungsänderungen	Ergebnisse von der Verlängerung der Indikatoren beim Demokratiebarometer	Experteneinschätzungen
Zweidrittelmehrheit für Wahlbündnis Fidesz-KDNP	ja	negativ (2) keine Verschlechterung (1)
Verfassungsgericht: a) Nominierung der Verfassungsrichter	–	negativ (2)
b) Einschränkung der Kontrollkompetenzen des Verfassungsgerichts	nur bedingt	negativ (2) keine Verschlechterung (1)
c) Senkung des Pensionsalter von Richtern und Staatsanwälten	nur bedingt	negativ (2)
d) Begrenzung des Personenkreises, der eine Überprüfung durch das Verfassungsgericht initiieren kann	–	negativ (1)
Neues Mediengesetz (Schaffung eines Medienrats)	ja	negativ (2) keine Verschlechterung (1)
Schaffung eines Haushaltsrats	–	negativ (3)
Einschränkung der Autonomie der kommunalen Selbstverwaltung	–	negativ (2)
Verfassungsrechtliche Diskriminierung von Minderheiten	nur bedingt	negativ (1)
Neues Wahlgesetz	nur bedingt	negativ (2)
Änderung des Zentralbankgesetz	–	negativ (1)
Demonstrationen gegen neue Verfassung und Regierungspolitik	ja	negativ (2)

Quelle: Eigene Darstellung
Anmerkungen zur Spalte „Ergebnisse von der Verlängerung der Indikatoren": Mit „Ja" ist in dieser Übersicht gemeint, dass das Demokratiebarometer Indikatoren enthält, die diese Gesetzes- oder Verfassungsänderung abbilden. Wohingegen unter „nur bedingt" verstanden wird, dass diese Indikatoren die Verschlech-

terung der ungarischen Demokratiequalität aufzeigen sollten, aber sie können diesen Anspruch u.a. aufgrund mangelnder Reichweite oder unvollständiger Angaben im Codebook des Demokratiebarometers nicht erfüllen.

Anmerkungen zur Spalte „Experteneinschätzungen": „Negativ" bedeutet in diesem Zusammenhang, dass die Gesetzes- oder Verfassungsänderung von den Experten als nachteilig bzw. schlecht für die ungarische Demokratie bewertet wird, währenddessen mit „keine Verschlechterung" gemeint ist, dass diese Reform als neutral bzw. nicht demokratiegefährdend eingestuft wird. Die Anzahl an Experten, die sich zu der jeweiligen Gesetzes- oder Verfassungsänderung geäußert hat, ist in Klammern gesetzt.

Des Weiteren wird deutlich, dass alle ausgewählten Gesetzes- und Verfassungsänderungen, welche der Fidesz nach der Parlamentswahl 2010 verabschiedet hat, stets mindestens ein Experte als negativ eingeschätzt, wohingegen nur knapp die Hälfte der Reformen von Indikatoren des Demokratiebarometers abgebildet werden können.

Das Demokratiebarometer kann im Vergleich zu den Experteneinschätzungen ausschließlich die Errichtung des Medienrats mithilfe von zwei Indikatoren darstellen und nur bedingt beispielsweise die Beschränkung der Kontrollkompetenzen des Verfassungsgerichts oder die Senkung des Pensionsalters von Richtern und Staatsanwälten andeuten. Ferner ist kein Indikator vorhanden, welcher wesentliche Eingriffe in die Handlungsfreiheit des Parlaments durch den neu geschaffenen Haushaltsrat sowie den Plan, das Verfassungsgericht mittels Veränderung des Nominierungsverfahrens mit eigenen Anhängern zu besetzen, aufzeigt. Die Reaktionen der Bevölkerung in Form von Demonstrationen gegen neue Verfassung und Regierungspolitik wiederum werden vom Demokratiebarometer abgebildet und auch von zwei Experten als Anzeichen dafür gewertet, dass eine Mehrheit der Bürger nicht mit der Regierungspolitik des Fidesz einverstanden ist.

Die direkte Gegenüberstellung der Ergebnisse von der Verlängerung der Indikatoren beim Demokratiebarometer und den Einschätzungen der Experten zum Wandel der Demokratiequalität stützt *Hypothese 2*. Tabelle C bestätigt, dass anhand der Experteneinschätzungen im Gegensatz zum Demokratiebarometer deutlich wird, dass die aktuelle Regierung die ungarische Demokratiequalität negativ beeinflusst.

Vor diesem Hintergrund stellt sich die Frage, welche institutionellen Aspekte, insbesondere diejenigen, die unter der Regierung Orbán verändert werden, nicht im Demokratiebarometer enthalten sind, obwohl sie offensichtlich Einfluss auf die Entwicklung der ungarischen Demokratie nehmen. Aus diesem Grund beschäftigt sich der nachfolgende Abschnitt mit dieser Problematik.

5.3   Weitere institutionelle Faktoren und der Demokratiewandel

Dieser Abschnitt beschäftigt sich mit der Frage, welche institutionellen Faktoren und Akteure zur Verschlechterung der Demokratiequalität in Ungarn beitragen, aber nicht von Indikatoren des Demokratiebarometers abgebildet werden. Es geht insbesondere um diejenigen Elemente, die von der Regierung unter Orbán verändert werden und deren Folgen, die sich daraus für das politische System sowie für die demokratische Qualität des Landes ergeben. Vor diesem Hintergrund ist eine Übersicht (Abbildung 2) gestaltet worden. Aus Abbildung 2 geht eindeutig hervor, dass die qualifizierte Mehrheit, welche der Fidesz infolge der Parlamentswahlen 2010 erlangt, Auslöser für die nachfolgenden institutionellen Veränderungen ist bzw. diese beeinflusst.

Abbildung 2: **Der Einfluss der qualifizierten Mehrheit auf institutionelle Faktoren und Akteure im politischen System Ungarns**

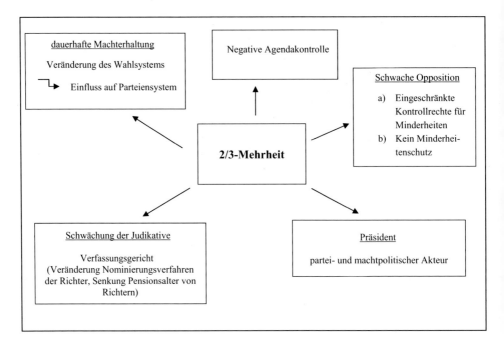

Eigene Darstellung

52

Von Bedeutung ist in diesem Zusammenhang die Option der negativen Agendakontrolle[90]. Obwohl für viele Gesetzes- und Verfassungsänderungen im Parlament eine Zweidrittelmehrheit notwendig ist und diese Anforderung einen grundlegenden Schutz gegen den Versuch der Regierung, das Agenda-Setting zu dominieren, darstellen soll (vgl. Ilonszki and Jáger 2011: 96), wirkt dieser institutionelle Faktor bei Ungarn umgekehrt und führt dazu, dass die Einparteienmehrheitsregierung[91] unter Orbán die legislative Abstimmungsagenda vorwiegend nach ihren Präferenzen bestimmen kann.

Bereits Zubek (2011) kann in einer empirischen Analyse feststellen, dass Regierungen und insbesondere Mehrheitsparteien in ostmitteleuropäischen Ländern mit einem konzentrierten Parteiensystem wie in Ungarn umfangreiche Möglichkeiten haben, die Abstimmungsagenda negativ zu dominieren (vgl. Zubek 2011: 188). Vor dem Regierungswechsel im Jahr 2010 führt vor allem die exzessive Bipolarität des Parteiensystems zur gegenseitigen Distanzierung des ,linken' und ,rechten' Lagers und zu majoritären Tendenzen, wonach die Wähler entweder für die eine oder die andere Seite ihre Stimme abgeben (vgl. Ilonszki and Jáger 2011: 105). Bis zu diesem Zeitpunkt gelingt es weder der linken noch der rechten Seite sich im Zentrum des Parteienspektrums zu positionieren bzw. sich alleine der Position des Median-Wählers zu nähern, wodurch sich die Agenda-Setzer-Optionen für die jeweilige Regierung verringern (vgl. Tsebelis and Rasch 2011: 14). Dieser Zustand ändert sich jedoch mit der Parlamentswahl 2010, bei der der Fidesz einen hohen Wahlsieg erlangt und seitdem mithilfe der Zweidrittelmehrheit seine Machtstellung institutionell festigen kann.

Das Wahlergebnis von 2010 hat einen maßgeblichen Anteil daran, dass sich der Opposition nur wenige Einflussmöglichkeiten im Parlament eröffnen. Die Opposition hat weniger als ein Fünftel der Parlamentsmandate erlangt und ist damit nicht einmal gemeinsam in der Lage, die Einrichtung parlamentarischer Untersuchungskommissionen durchzusetzen (vgl. Lang 2010: 3). Die qualifizierte Mehrheit, die für die Veränderung mehrere Gesetze sowie der Verfassung benötigt wird, fördert eigentlich Konsensbedürftigkeit und wirkt sich positiv auf die Einflussmöglichkeiten von Minderheiten aus (Körösényi/Fodor 2004: 327). Seit dem Wahlergebnis der Parlamentswahlen 2010 ist jedoch der Minderheitenschutz nicht mehr gewährleistet und die Kontrollrechte für Minderheiten sind stark eingeschränkt.

---

[90] Unter dem Begriff negative Agendakontrolle wird verstanden, dass die Regierungsmehrheit eine strenge Kontrolle über die Abstimmungsagenda ausübt und somit die Möglichkeiten der Opposition begrenzt, einige Gesetzesanträge einzubringen (vgl. Zubek 2011: 174).

[91] Einparteienmehrheitsregierungen sind in Osteuropa eine Ausnahme, auch in Ungarn ist es das erste Mal.

Darüber hinaus sind weitere deutliche Eingriffe in die Rechte der parlamentarischen Opposition beobachtbar. Zahlreiche Gesetze werden in einem sehr hohen Tempo verabschiedet, für die keine intensiven parlamentarischen Debatten stattfinden (vgl. Bos 2011: 57). Zu diesem Zweck hat der Fidesz ein Verfahren[92] eingeführt, wonach die Regierung Gesetzesänderungen vornehmen kann, ohne darauf Rücksicht zu nehmen, ob im Parlament darüber debattiert wird (vgl. Pester Lloyd 2012 a). Ferner ist gestattet, unbegrenzt und noch in letzter Minute Änderungen für Abstimmungsgesetze ohne Debatte einzubringen (vgl. Pester Lloyd 2011). Auf ähnliche Art und Weise werden auch sogenannte Kardinalgesetze verabschiedet, welche Regelungen beinhalten, die nur mit einer Zweidrittelmehrheit geändert werden können (vgl. Pester Lloyd 2012 a). Hierfür lässt die Regierung die Kardinalgesetze als Einzelgesetze[93] durch ihre Parlamentsabgeordneten verabschieden, um so den Gesetzgebungsprozess zu verkürzen und die Einbindung der Opposition zu vermeiden. Die parlamentarische Opposition ist somit nicht effektiv handlungsfähig, weil ihre parlamentarischen Einflussmöglichkeiten geschwächt werden und auch keine Kohärenz vorhanden ist.

Nach dem Rücktritt des Präsidenten Pál Schmitt[94] wird im Mai 2012 Janos Áder[95], der bislang Europa-Parlamentarier des Fidesz ist, mit qualifizierter Mehrheit vom Parlament ins Amt gewählt (vgl. Zeit Online 2012). Da die Wahl des derzeitigen Präsidenten vor allem von der Mehrheitskonstellation im Parlament bestimmt wird, stellt die Besetzung dieses institutionellen Akteurs eine partei- und machtpolitische Angelegenheit dar. In diesem Zusammenhang ist der Präsident keine Identifikationsfigur mehr, die ein überparteipolitisches Ungarn repräsentiert, sondern das Amt des Staatspräsidenten kann als verlängerter Arm des parteipolitischen Machtanspruchs genutzt werden (vgl. Dieringer 2009: 184).

Zwar ist die Gewaltenteilung auch in der neuen ungarischen Verfassung (vgl. Neue Verf. Art. C Abs. 1) festgelegt, aber der derzeitigen ungarischen Regierung steht eine geschwächte Judikative gegenüber, die in ihren Kompetenzen beschränkt und deren Unab-

---

[92] Mit diesem Verfahren hat die Regierungspartei die Möglichkeit geschaffen, Gesetze innerhalb von zwei Sitzungstagen durch das Parlament zu bringen (vgl. Pester Lloyd 2011 a). Bislang ist für dieses Verfahren die Zustimmung von 4/5 der Abgeordneten notwendig, nun ist bereits eine qualifizierte Mehrheit ausreichend (ebd.).

[93] Bedenklich ist an der Verwendung von Einzelanträgen in diesem Zusammenhang, dass sie vor ihrer Verabschiedung im Parlament nur ein geringes Maß an Überprüfung, ausführlicher Untersuchung sowie Beratung benötigen (vgl. Pester Lloyd 2012 a).

[94] Bereits Pál Schmitt hat Orbán seine uneingeschränkte Unterstützung zugesichert und bewiesen, indem er ohne Widerspruch mehr als 360 Gesetze unterzeichnet, auch das umstrittene Mediengesetz (vgl. Zeit Online 2012).

[95] Áder gilt als loyaler Weggefährte von Orbán und teilt dessen Ideen zum Umbau des Staates (vgl. Zeit Online 2012). Er gehört zur Gründungsgruppe des Fidesz 1988 und gilt als einer der Mitgestalter der neuen Verfassung (vgl. Pester Lloyd 2012 j). Insbesondere soll er großen Einfluss auf die Umgestaltung der Judikative gehabt haben (ebd.).

hängigkeit durch erzwungene, vorzeitige Pensionierungen von Verfassungsrichtern sowie dem neuen Normierungsverfahren der Richter eingeschränkt ist. Sogar die EU-Kommission stuft die Rechtsstaatlichkeit in Ungarn als gefährdet ein, so dass sie ein Vertragsverletzungsverfahren eingeleitet hat.

Vom Demokratiebarometer wird ebenfalls nicht aufgezeigt, dass der Fidesz mithilfe des neuen Wahlgesetzes, seine Macht erhalten und dauerhaft festigen will. Die Wahlreform verändert das Wahlsystem dahingehend, dass majoritäre Elemente verstärkt werden. Zusätzlich beeinflussen diese Modifizierungen auch das Parteiensystem, indem größere Parteien eindeutig bevorteilt sind, wodurch die Bipolarität im Parteiensystem dauerhaft gefestigt wird. Mehr noch wird die Inklusion kleinerer Parteien und Minderheiten verhindert, weil Zulassungsvoraussetzungen für Parteien, um für die Wahl aufgestellt zu werden, viel höher sind. Problematisch ist vor allem, dass dem Parteiensystem eine ideologische Mitte fehlt bzw. eine Partei, die liberale Werte und Ansichten vertritt und dazu beitragen kann, die Konflikte bzw. die ideologische Bipolarisierung zwischen den beiden Lagern zu entkräften.

Befindet sich Ungarn aufgrund der aktuellen Entwicklung auf dem Weg zu einer defekten Demokratie[96]? Durch die Veränderungen weist das politische System Elemente der delegativen Demokratie[97] auf. Im ungarischen Fall ist die Kontrolle der Exekutive durch die Legislative sowie die Judikative eingeschränkt. Vor allem die fehlende horizontale Gewaltenkontrolle sorgt dafür, dass sich die Exekutive verselbstständigt und die Regeln der Demokratie ausgehöhlt werden (vgl. Merkel et al. 2003: 88). Wenn die Regierung nicht mehr ausreichend durch das Parlament oder die Gerichte kontrolliert wird oder die Gerichte von der Regierung abhängig sind, dann handelt es sich laut Merkel et al. (2003) um eine defekte Gewaltenkontrolle (vgl. Merkel et al. 2003: 89).

Welche Reformen und Maßnahmen können dem ungarischen Regierungssystem zu mehr Demokratie verhelfen? Ungarn ist es seit der Systemtransformation nicht gelungen, die Gesellschaft auf einer breiten und gesicherten Mittelschicht aufzubauen (vgl. Dieringer 2009: 312). Die Kluft zwischen Arm und Reich wird immer größer (ebd.: 312). Da sich

---

[96] Defekte Demokratien sind nach Merkel et al. (2003) wie folgt definiert: „Herrschaftssysteme die sich durch das Vorhandensein eines weitgehend funktionierenden demokratischen Wahlregimes zur Regelung des Herrschaftszugangs auszeichnen, aber durch Störungen in der Funktionslogik eines oder mehrerer der übrigen Teilregime die komplementären Stützen verlieren, die in einer funktionierenden Demokratie zur Sicherung von Freiheit, Gleichheit und Kontrolle unabdingbar sind" (Merkel et al. 2003: 66).

[97] Bei der delegativen Demokratie handelt es sich nach Merkel et al. (2003) um einen Subtypen defekter Demokratie (vgl. Merkel et al. 2003: 69). Dieser Subtyp ist dadurch gekennzeichnet, dass die horizontalen rechtsstaatlichen Kontrollen und ‚checks and balances' beeinträchtigt sind, welche zur Aufrechterhaltung einer ausgeglichenen politischen Repräsentationskette notwendig sind (ebd.: 71).

bislang nur eine schwache Zivilgesellschaft in Ungarn entwickelt hat, ist es schwierig die bestehende Bipolarisierung, die sich im Parteiensystem und der Gesellschaft widerspiegelt, zu verändern. Zwar gilt das politische System als konsolidiert, aber die Demokratisierung der Gesellschaft muss weiter vorangebracht werden.

Eine andere Möglichkeit ist die Schaffung einer Zweiten Kammer, in der nicht nur regionale Interessen vertreten sind, sondern auch die Vertretung von Minderheiten organisiert werden können (vgl. Dieringer 2009: 358). Geht jedoch der Fidesz bei den Parlamentswahlen 2014 erneut als Sieger hervor, sinkt die Wahrscheinlichkeit, dass eine Zweite Kammer als neuer Vetospieler ins politische System eingeführt wird.

6   Fazit und Ausblick

In diesem Buch wird diskutiert, ob das Demokratiebarometer seinem Anspruch gerecht wird, den Wandel der Demokratiequalität in einem ausgewählten Land abzubilden. Ausgehend von der Annahme, dass sich seit den Parlamentswahlen 2010 die demokratische Qualität in Ungarn verändert hat, wird das Land als Fallbeispiel ausgewählt.

Zur Evaluierung des Arguments sind die unstandardisierten Daten für die Indikatoren des Demokratiebarometers im Zeitraum von 2008 bis 2012 generiert und anschließend miteinander verglichen worden. Hierbei hat sich *Hypothese 1* bestätigt: Das Demokratiebarometer kann den Wandel der Demokratiequalität in Ungarn nicht abbilden. Es konnte festgestellt werden, dass im Demokratiebarometer zu viele Indikatoren enthalten sind und die Auswahl zu ungenau bzw. nicht trennscharf genug ist, um die Folgen des Regierungswechsels 2010 für die Entwicklung der demokratischen Qualität abzubilden. Darüber hinaus beziehen sich mehrere Indikatoren nur auf verfassungsrechtliche Regelungen, wodurch andere entscheidende Gesetzesänderungen wie bspw. das Mediengesetz, welches zur Beschränkung der Pressefreiheit geführt hat, nicht dargestellt werden können. Auch die Breite der Quellenbasis hat sich bei diesem Länderbeispiel als Nachteil erwiesen, weil nur Sekundärquellen verwendet werden und auf Expertenmeinungen verzichtet wird.

Aufgrund dessen, das bei der Quellenauswahl auf Experteneinschätzungen verzichtet worden ist, wurden die Ergebnisse der empirischen Analyse zum Demokratiebarometer mit vier ausgewählten Experteneinschätzungen zu den Entwicklungen der demokratischen Qualität in Ungarn verglichen. Anhand dieser Gegenüberstellung hat sich gezeigt, dass auch *Hypothese 2* als verifiziert angesehen werden kann: Im Gegensatz zum Demokratiebarometer wird anhand der Experteneinschätzungen deutlich, dass die aktuelle ungarische Regierung die Demokratiequalität in dem Land negativ beeinflusst. Die unausgeglichene Machtbalance zwischen Regierung und Opposition, welche infolge der Parlamentswahlen 2010 entstanden ist, wird von den Experten größtenteils als negativ eingestuft. Zwar wird vom Demokratiebarometer auch angezeigt, dass eine Partei alleine die qualifizierte Mehrheit erlangt hat, aber es wird nicht deutlich, welche Möglichkeiten sich aufgrund der institutionellen Ausgestaltung des politischen Systems für den Fidesz ergeben, um die eigene Machtposition dauerhaft zu vergrößern und andere Vetopunkte zu schwächen. Darüber hinaus wertet mindestens ein Experte jede ausgewählte Gesetzes- und Verfassungsänderung als negativ für die Entwicklung der ungarischen Demokratie, währenddessen das Demokratiebarometer weniger als die Hälfte der Reformen abbildet.

Was bedeuten die empirischen Ergebnisse für die Performanz des Demokratiebarometers? Vom Namen her sollte ein Barometer eigentlich in der Lage sein, etwas zu messen, in diesem Fall die demokratische Qualität eines Landes. In Wirklichkeit ähnelt das Demokratiebarometer eher einer Datensammlung bzw. Datenbank, durch die Werte, die eine Demokratie ausmachen sollen, aneinander gereiht werden. Am ausgewählten Beispiel wird deutlich, dass es nicht umsetzen kann, was mit dem Messkonzept erreicht werden soll.

Welche Implikationen lassen sich hieraus ableiten?

Einerseits ist denkbar, dass das ausgewählte Länderbeispiel Ungarn einen Sonderfall darstellt und daher das Demokratiebarometer seinen Anspruch, den Wandel der Demokratiequalität zu veranschaulichen, nicht erfüllen kann. Aus diesem Grund sollte anhand anderer etablierter Demokratien vornehmlich in Mittel- und Osteuropa, in denen sich ebenfalls ein Wandel der Demokratiequalität abzeichnet, analysiert werden, ob das Demokratiebarometer dazu in Lage ist, diese Entwicklungen darzustellen. Andererseits kann das Design des Demokratieindex ausschlaggebend dafür sein, warum es die Verschlechterung der ungarischen Demokratie nicht aufzeigen kann. Demnach besteht die Möglichkeit, die Komplexität des Messindex zu reduzieren, indem entweder die Anzahl der Indikatoren verringert oder deren Auswahl verändert wird.

Außerdem kann offenbar nicht angenommen werden, dass mithilfe dieses Messindex die Demokratiequalität von jedem etablierten demokratischen System bestimmt werden kann. Der Fehler scheint bereits in der Überlegung zu liegen, theoretisch normative Prinzipien mit Institutionalsierungsformen gleichzusetzen. Mehr noch kann bezweifelt werden, dass es möglich sei, mit einem ‚Blueprint‘, der auf den Resultaten vorheriger Messungen an ausgewählten Demokratien basiert, die Demokratiequalität jeder etablierten Demokratie feststellen zu können. Denn die Unterschiede zwischen den verschiedenen demokratischen Systemen können nicht nur spezifisch sein, sondern auch einen Vergleich der Demokratiequalität unterschiedlicher Länder mit den bisherigen Indikatoren des Demokratiebarometers unmöglich machen.

Anhang

Verlängerung der Indikatoren des Demokratiebarometers für Ungarn

Unstandardisierte Daten

(1) Freiheit

Tabelle 1: Individuelle Freiheiten

Komponente	Subkomponente	Indikator	Kurzbeschreibung	Quelle	2008	2009	2010	2011	2012
Recht auf körperliche Unversehrtheit	Verfassungsrechtlich garantiertes Recht auf körperliche Unversehrtheit	Consttort	Existenz eines verfassungsrechtlichen Verbots von Folter oder unmenschlicher Behandlung	CON	2[98]	2	2	2	2[99]
		Convtort	Ratifikation der UN-Antifolterkonvention	HDR	1[100]	1	1	1	1

---

[98] vgl. Alte Verf. Art. 54 Abs. 2
[99] vgl. Neue Verf. Art. III Abs. 1
[100] Ungarn hat die VN-Antifolterkonvention am 15. April 1987 ratifiziert.

	Politer			PTS	2[101]	2	2	/
Keine Übergriffe durch den Staat	Tortue	Political Terror Scale; Ausmaß an politischem Terror durch die Regierung						
		Folter und andere grausame, unmenschliche oder erniedrigende Behandlungen und Strafen		CIRI	1[102]	1	0	/
Gegenseitige Akzeptanz des Rechts auf Unversehrtheit in der Bevölkerung	Homicide[103]	Anzahl an Tötungsdelikten auf 100.000 Einwohner (multipliziert mit -1)		EUROSTAT	-1,47[104]	-1,39		/
				UNODOC	-1,5[105]	-1,4		/
				WB	-1,46[106]	-1,4		/
				WHO-HFA	-1,8[107]	-1,2		/
				Wikipedia	-1,47[108]	-1,39		/

101 Laut Codebook für des Demokratiebarometers soll immer der höchsten Wert genommen werden, aber die Angaben stimmen nicht mit denen aus den vorherigen Jahren überein, die im Demokratiebarometer angegeben werden, obwohl sie von der angegebenen Quelle: ‚Political Terror Scale' stammen sollen http://www.politicalterrorscale.org/ptsdata.php?start=70, Zugriff am 3.04.21012.

102 Beim ‚Cingranelli-Richards Human Rights Data Project' wurde eigener Datensatz erstellt (Variable: „Torture" 2006-2010) http://ciri.binghamton.edu/myciri/my_ciri.asp, Zugriff am 4.04.2012

103 Es wurden für alle angegebenen Quellen die Werte zusammenzutragen, denn anhand dieses Indikatoren (‚Homicide') wird deutlich, dass die Werte, wenn man alle Daten der angegebenen Quellen miteinander vergleicht, variieren. Welche Quelle für das Projekt ‚Demokratiebarometer' letztendlich verwendet worden ist, konnte nicht eindeutig festgestellt werden, da Vergleichswerte aus den Jahren 2006 und 2007 nicht übereinstimmten, wie beispielsweise bei der Quelle ‚Eurostat' (2006: -1,75; 2007: -1,37).

104 Report: ‚Crime and Criminal Justice, 2006-2009' (veröffentlicht am 18.01.2012) http://epp.eurostat.ec.europa.eu/cache/ITY_OFFPUB/KS-SF-12-006/EN/KS-SF-12-006-EN.PDF, Zugriff am 4.04.2012

105 Quelle: Report: ‚Global Study on Homicide 2011' vom Büro der Vereinten Nationen für Drogen- und Verbrechensbekämpfung http://www.unodc.org/documents/data-and-analysis/statistics/Homicide/Globa_study_on_homicide_2011_web.pdf (S. 110), Zugriff am 4.04.2012

106 Bei ‚The Worlddata Bank' wurde eigener Datensatz erstellt (Variable: „Intentional Homicide " 2008 und 2009, keine aktuelleren Daten vorhanden), http://databank.worldbank.org/ddp/home.do?Step=1&id=4, Zugriff am 04.04.2012

107 Bei der ‚WHO-Health-for-All-Datenbank' (HFA-DB) des Europabüros der Weltgesundheitsorganisation (WHO) wurde eigener Datensatz erstellt (Variable: „Homicide and Intentional Injury" 2008 und 2009; 2006 = -1,83 und 2007 = - 1,59; keine aktuelleren Daten vorhanden) http://data.euro.who.int/hfadb/, Zugriff am 4.04.2012.

108 Wikipedia bezieht die Daten aus dem Report: ‚Global Study on Homicide 2011' vom Büro der Vereinten Nationen für Drogen- und Verbrechensbekämpfung, http://www.unodc.org/unodc/en/data-and-analysis/homicide.html, Zugriff am 4.04.2012.

	Beschreibung	Variable	Quelle					
Recht auf Selbstbestimmung	Anzahl an gewaltsamen Demonstrationen oder Zusammenstößen mit mehr als 100 Bürgern, bei denen es zu Gewaltanwendungen kam	Riot	BCNTS[109]	/	/	/	/	/
Verfassungsrechtlich garantierte Freiheit	Existenz von Verfassungsbestimmungen für den Schutz der Religionsfreiheit	Constrel	CON	2[110]	2	2	2	2[111]
	Verfassungsrechtlich garantierte Vereinigungsfreiheit	Constfreemov	CON	1[112]	1	1	1	1[113]
Recht auf freie Lebensgestaltung	zu welchem Ausmaß die Bürger staatlichen Beschränkungen beim Praktizieren und Ausüben ihrer Religion unterliegen	Freerelig	CIRI	2[114]	2	2	/	/
	Reisefreiheit der Bürger im eigenen Land sowie bei der Aus- und Einreise	Freemove	CIRI	2[115]	2	2	/	/
Effektive Eigentumsrechte	Bis zu welchem Grad beschützen die Gesetze eines Landes die Eigentumsrechte und bis zu welchem Ausmaß werden diese Gesetze von der Regierung durchgesetzt	Propright	IEF	70[116]	70	65	65	70

[109] Die Daten des „Banks Cross-National Time-Series Data Archive' sind nicht frei zugänglich, daher können für diesen Indikator keine Zahlenwerte erhoben werden, http://www.databanksinternational.com , Zugriff am 4.04.2012

[110] vgl. Alte Verf. Art. 60 Abs. 1.

[111] vgl. Neue Verf. Art. VII Abs.1

[112] vgl. Alte Verf. Art. 62 und 63

[113] vgl. Neue Verf. Art. VIII Abs. 1

[114] Beim „Cingranelli-Richards Human Rights Data Project' wurde eigener Datensatz erstellt (Variable: „Freedom of Religion" 2008- 2010), http://ciri.binghamton.edu/myciri/my_ciri.asp, Zugriff am 4.04.2012

[115] Beim „Cingranelli-Richards Human Rights Data Project' wurde eigener Datensatz erstellt (Variable: „Freedom of Domestic Movement" 2008- 2010), http://ciri.binghamton.edu/myciri/my_ciri.asp, Zugriff am 4.04.2012

[116] Beim „Index of Economic freedom' der Heritage Foundation wurde eigener Datensatz erstellt (Variable: „Property Rights"2008-2012) http://www.heritage.org/index/explore.aspx?view=by-region-country-year, Zugriff am 4.04.2012

	Secprop	Die Einschätzung darüber, ob die persönliche Sicherheit und das Privateigentum ausreichend geschützt sind	IMD, WGI[117]	/	/	/	/	/

---

[117] Dieser Indikator basiert auf einer multiplen linearen Regression, die sehr zeitintensiv wäre und den Rahmen dieser Masterarbeit überschreitet. Daher wird auf die Ermittlung bzw. Berechnung der Zahlenwerte für diesen Indikator verzichtet.

Tabelle 2: Rechtsstaatlichkeit

Komponente	Subkomponente	Indikator	Kurzbeschreibung	Quelle	2008	2009	2010	2011	2012
Gleichheit vor dem Gesetz	Verfassungsmäßig garantierte Unparteilichkeit von Gerichten	Constfair	Verfassungsrechtliche Bestimmungen für faire/gerechte Organisation von Gerichten (keine Sondergerichte und keinen hierarchischen Aufbau der Justiz)	ursprüngliche Quelle: DAP[118]; hier: selbstständig erhoben	0[119]	0	0	0	1[120]
		Pubtrial	Verfassungsrechtliche Bestimmungen, die öffentliche Gerichtsverfahren garantieren	ursprüngliche Quelle: DAP[121] hier: selbstständig erhoben	2[122]	2	2	2	2[123]
	Effektive Unabhängigkeit der Judikative	Judindepcor	Grad der Unabhängigkeit der Justiz (keine Korruption innerhalb oder äußere Beeinflussung)	ursprüngliche Quelle: DAP[124] hier: selbstständig erhoben	2[125]	2[126]	2[127]	/	/

---

[118] Im ‚Democracy Assistance Project - Phase II‘ werden nur Daten bis einschließlich des Jahres 2007 erfasst und die Daten sind auch nur bis 2004 frei im Internet zugänglich, daher werden die Zahlenwerte selbstständig mithilfe der alten und neuen Verfassung erhoben, wobei die Messcodierung nach den Angaben im Codebook des Demokratiebarometers eingehalten wird.

[119] vgl. Alte Verf. Art. 45 Abs. 2

[120] vgl. Neue Verf. Art. 25 Abs. 4 erlaubt für bestimmte Gruppen von Angelegenheiten die Erschaffung von Sondergerichten (S.39), daher laut Messcodierung des Demokratiebarometers = Zahlenwert von -1 und laut Artikel 25 Abs. 4 ist die Organisation der Gerichte mehrstufig, also hierarchisch (S.39), daher der Zahlenwert 2; die Summe aus beiden Werten (-1+2) ergibt 1.

[121] Fn 118

[122] vgl. Alte Verf. Art. 57 Abs. 1

[123] vgl. Neue Verf. Art. XXVIII

[124] Fn 118

[125] Quelle: „Human Rights Report 2008‘ vom US State Department (Bureau of Democracy, Human Rights and Labor): "The law and the constitution provide for an independent judiciary, and the government generally respected judicial independence in practice." http://www.state.gov/j/drl/rls/hrrpt/2008/eur/119083.htm, Zugriff am 12.04.2012.

[126] Quelle: „Human Rights Report 2009‘ vom US State Department (Bureau of Democracy, Human Rights and Labor), http://www.state.gov/j/drl/rls/hrrpt/2009/eur/136035.htm, Zugriff am 12.04.2012.

[127] Quelle: „Human Rights Report 2010‘ vom US State Department (Bureau of Democracy, Human Rights and Labor) http://www.state.gov/j/drl/rls/hrrpt/2010/eur/154428.htm, Zugriff am 12.04.2012

63

Effektive richterliche Objektivität	Judindepinf	Grad der Unabhängigkeit der Justiz in Hinblick auf den politischen Einfluss durch Regierungsmitglieder, Bürger oder Unternehmen	GCR	4,3[128]	4,12[129]	4,0[130]	3,92[131]	/
	Impcourts	Rechtliche Rahmenbedingungen sind ineffizient und sie sind Manipulationen ausgesetzt.	GCR	3,3[132]	3,1[133]	3,3[134]	3,32[135]	/
	Intgrlegal	Die Integrität des Rechtssystems	EFWP	6,67[136]	6,67[137]	/	/	/
Qualität der Justiz	Profjudge	Verfassungsmäßig garantierte Professionalität der Gerichte · Professionalität (Jurastudium, professionelle Erfahrungen) ist eine Grundvoraussetzung bei der Ernennung von Richtern für die obersten Gerichtshöfe.	Kritzer et al.(2002)[138]	1[139]	1	1	1	1[140]

---

[128] vgl. ‚Global Competitiveness Report 2008-2009' (S. 368) http://www3.weforum.org/docs/WEF_GlobalCompetitivenessReport_2008-09.pdf, Zugriff am 12.04.2012

[129] vgl. ‚Global Competitiveness Report 2009-2010', http://gcr.weforum.org/gcr09/, Zugriff am 12.04.2012

[130] vgl. ‚Global Competitiveness Report 2010-2011' (S. 371) http://www3.weforum.org/docs/WEF_GlobalCompetitivenessReport_2010-11.pdf, Zugriff am 12.04.2012

[131] vgl. ‚Global Competitiveness Report 2011-2012', http://gcr.weforum.org/gcr2011/, Zugriff am 12.04.2012

[132] vgl. ‚Global Competitiveness Report 2008-2009' (S. 372)

[133] vgl. ‚Global Competitiveness Report 2009-2010' (S. 354)

[134] vgl. ‚Global Competitiveness Report 2010-2011' (S. 375)

[135] vgl. ‚Global Competitiveness Report 2011-2012' (S. 399)

[136] vgl. ‚Economic Freedom of the World 2011 Annual Report' (S.83) http://www.freetheworld.com/2011/reports/world/EFW2011_chap2.pdf, Zugriff am 12.04.2012

[137] Fn 136

[138] Laut Codebook vom Demokratiebarometer diente die Enzyklopädie von Kritzer, Herbert M., Bryant Garth and Kenneth M. Holland (2002) „Legal systems of the world: a political, social, and cultural encyclopedia", aber es gibt keine neuere Auflage, daher wurde selbst in der alten und neuen Verfassung nachgeschaut, ob eine Verfassungsbestimmung hinsichtlich der Professionalität von Richtern vorhanden ist.

[139] vgl. Alte Verf. Art. 46 Abs. 3

[140] vgl. Neue Verf. Art. 27 Abs. 3

	Protenure	Die Professionalität der Richter bezüglich der Amtszeit. Die Professionalität ist hoch, wenn die Amtszeit nicht beschränkt ist, d.h. lebenslang.	Kritzer et al.(2002)[141]	0,50[142]	0,50	0,50	0,50	0,50	0,5[143]
Vertrauen in die Justiz	Confjust	Anteil an Bürgern, die Vertrauen ins Rechtssystem haben	selbständig erhoben[144]; ESS[145]	37,8	/	/	46,3	/	/
	Fairjust	Einschätzung/Beurteilung des Vertrauens über eine gerechte Justizverwaltung innerhalb der Gesellschaft	IMD, WGI[146]	/	/	/	/	/	/
Vertrauen in die Polizei	Confpolice	Anteil an Bürgern, die Vertrauen in die Polizei haben	selbständig erhoben[147]; ESS[148]	43,6	/	/	51,0	/	/

[141] Laut Codebook vom Demokratiebarometer diente die Enzyklopädie von Kritzer, Herbert M., Bryant Garth and Kenneth M. Holland (2002) „Legal systems of the world: a political, social, and cultural encyclopedia", aber es gibt keine neuere Auflage.

[142] Dieser Zahlenwert wird selbst recherchiert und es kann festgestellt werden, dass es hinsichtlich der Amtszeit von Richtern doch eine Altersgrenze für den Eintritt in den Ruhestand gibt, und zwar 70 Jahre. Aber laut Demokratiebarometer wird für diesen Indikator der Wert „1,0" angegeben, als ob es keine zeitliche Beschränkung der richterlichen Amtszeit gäbe. Möglicherweise haben die Verantwortlichen vom Demokratiebarometer diese Altersgrenze von 70 Jahren als ‚lebenslang' eingestuft, http://krugman.blogs.nytimes.com/2011/12/19/hungarys-constitutional-revolution/, Zugriff am 25.04.2012

[143] Die ungarische Regierung unter Orbán hat hinsichtlich der Amtszeit für Richter die Altersgrenze für den Eintritt in den Ruhestand von 70 auf 62 Jahre gesenkt, http://krugman.blogs.nytimes.com/2011/12/19/hungarys-constitutional-revolution/, Zugriff am 25.04.2012

[144] Eigentlich können für diesen Indikator keine Angaben gemacht werden, da dieser Indikator auf eigenen Berechnungen von den Verantwortlichen des Demokratiebarometers basiert, bei denen u.a. auf die Daten der Meinungsumfragen der ‚European Social Survey'(ESS) zugegriffen wird. Es ist nicht eindeutig, wie die Zahlenwerte zustande gekommen sind. Aber es kann die Quelle European Social Survey (ESS) genutzt und eigene Daten zu erheben, welche laut Codebook auch für das Demokratiebarometer verwendet werden und wo die Werte für das Jahr 2002, 2004 und 2006 fast identisch sind. Beim ‚European Social Survey' handelt es sich um eine sozialwissenschaftliche Umfrage, die die sozialen und politischen Einstellungen von Bürgerinnen und Bürgern aus über 30 europäischen Ländern untersucht, wobei die Erhebungen in Zweijahresabständen stattfinden (Erste Erhebung 2002/2003).

[145] Beim European Social Survey (ESS) wurde eigener Datensatz erstellt (Variable: „trust in the legal system" 2008 und 2010), http://ess.nsd.uib.no/, Zugriff am 13.04.2012

[146] Fn 117

[147] Fn 144

[148] Beim European Social Survey (ESS) eigenen Datensatz erstellt (Variable: „trust in police" 2008 und 2010), http://ess.nsd.uib.no/, Zugriff am 13.04.2012

	Fairpolice	Einschätzung/Beurteilung der Zuverlässig- keit/Effizienz in die Polizeidienste	GCR	4,8[149]	4,4[150]	4,2[151]	4,25[152]	/

[149] vgl. ‚Global Competitiveness Report 2008-2009' (S. 377)
[150] vgl. ‚Global Competitiveness Report 2009-2010' (S. 360)
[151] vgl. ‚Global Competitiveness Report 2010-2011' (S. 381)
[152] vgl. ‚Global Competitiveness Report 2011-2012' (S. 405)

Tabelle 3: Öffentlichkeit

Komponente	Subkomponente	Indikator	Kurzbeschreibung	Quelle	2008	2009	2010	2011	2012
Vereinigungs-freiheit	Verfassungsmässig garantierte Vereinigungsfreiheit	Constfras	Die Existenz von verfassungsrechtlichen Bestimmungen, die die Vereinigungsfreiheit garantieren.	ursprüngliche Quelle: **DAP**[153]; hier: selbstständig erhoben	2[154]	2	2	2	2[155]
		Constass	Die Existenz von ver-fassungsrechtlichen Bestimmungen, die die Versammlungsfreiheit garantieren.	ursprüngliche Quelle: **DAP**[156] hier: selbstständig erhoben	2[157]	2	2	2	2[158]
	Vereinigungsgrad ökonomischer Interessen	Union	Der gewerkschaftliche Organisationsgrad. Die Gewerkschaftsmitgliedschaft in Prozenten der Lohn- und Gehaltsempfänger.	GURN, ILO, Eurofund[159]	16,80 [160]	/	/	/	/
		Memproorg	Mitgliedschaft in professionellen Organisation	ESS[161]	/	/	/	/	/

153 Fn 118
154 vgl. Alte Verf. Art. 70/C Abs. 1
155 Vgl. Neue Verf. Art. VIII Abs. 2
156 Fn 118
157 vgl. Alte Verf. Art. 62 Abs. 1
158 Vgl. Neue Verf. Art. VIII Abs. 1
159 Bei allen angegeben Quellen können keine aktuellen Daten für Ungarn gefunden werden.
160 Dieser Zahlenwert stammt aus dem Datensatz „Trade density" von der statistischen Datenbank der OECD (online: OECD.Stat), aber: im Codebook des Demokratiebarometers wurde diese Quelle nicht angegeben http://stats.oecd.org/Index.aspx?DataSetCode=UN_DEN, Zugriff am 17.04.2012
161 Fn 118, **Aber:** Bei den Meinungsumfragen der ‚European Social Survey' (ESS) wird in den Jahren 2008 und 2010 in Ungarn nicht nach der Mitgliedschaft in einer professionellen Organisation gefragt und daher sind auch keine Zahlenwerte vorhanden. Da der inhaltliche Fokus bei der Erhebung 2007/2008 auf den Themen: Altersdiskriminierung und Einstellungen zum Wohlfahrtstaat und bei der Erhebung 2010/2011 auf den Themen: Familie, Arbeit und Wohlbefinden im Zeichen der Wirtschaftskrise und Vertrauen in Justiz und Polizei liegt.

	Vereinigungsgrad öffentlicher Interessen	Memhuman	Mitgliedschaft in humanitären Organisationen	ISS	2,00[162]	/	/	/	/
		Memenviron	Mitgliedschaft in Umweltschutz-/Tierschutzorganisationen	ESS[163]	/	/	/	/	/
Meinungsfreiheit	Verfassungsmässig garantierte Meinungsfreiheit	Constspeech	Die Existenz von verfassungsrechtlichen Bestimmungen, die die Meinungsfreiheit garantieren.	ursprüngliche Quelle: **DAP[164]** hier: <u>selbstständig erhoben</u>	2[165]	2	2	2	2[166]
		Constpress	Die Existenz von verfassungsrechtlichen Bestimmungen, die die Pressefreiheit garantieren.	ursprüngliche Quelle: **DAP[167]** hier: <u>selbstständig erhoben</u>	2[168]	2	2	2	2[169]
		Newsimp	Die Einführ von Zeitungen, Zeitschriften und andere periodisch erscheinende Druckwerke in % des BIP	CD, WB[170]	/	/	/	/	/

[162] Laut GESIS, dem Datenarchiv des 'International Social Survey Programme' (ISSP) gibt es nur im Jahr 1991,1999 und 2008/2009 Meinungsumfragen in Ungarn und daher kann der Zahlenwert diese Indikators nur für das Jahr 2008 (European Values Study 2008: Hungary) ermittelt werden. http://info1.gesis.org/dbksearch19/Docs.asp?no=4772, Zugriff am 17.04.2012.

[163] Fn 118, **Aber:** Bei den Meinungsumfragen der 'European Social Survey' (ESS) wird in den Jahren 2008 und 2010 in Ungarn nicht nach der Mitgliedschaft in einer Umwelt-/Tierschutzorganisation gefragt und daher sind auch keine Zahlenwerte vorhanden. (vgl. Fn 62)

[164] Fn 118

[165] vgl. Alte Verf. Art. 61 Abs. 1.

[166] Vgl. Neue Verf. Art. IX Abs. 1

[167] Fn 118

[168] vgl. Alte Verf. Art. 61 Abs. 2

[169] vgl. Neue Verf. Art. IX Abs. 2

[170] Laut Codebook des Demokratiebarometers basiert dieser Indikator auf eigenen Berechnungen von den Verantwortlichen des Demokratiebarometers. daher kann nicht hundert prozentig nachvollzogen werden, wie die Daten erhoben bzw. berechnet werden. Außerdem kann bei den angegeben Quellen kein äquivalenter Indikator gefunden werden.

	Newspaper						
Politische Neutralität des Pressesystems		Die Anzahl an Tageszeitungen je Million Einwohner	BCNTS, WPT, WB[171]	/	/	/	/
	Balpress	Die ideologische Balance/ Ausgeglichenheit des Pressesystems.	BPHW, HBI, Wikipedia WP[172]	/	/	/	/
	Neutrnp	Der Anteil an neutralen/unabhängigen Zeitungsauflagen.	BPHW, HBI, Wikipedia, WP[173]	/	/	/	/

---

[171] Fn 170 **und:** Bei den angegebenen Quellen ,Weltverband der Zeitungen (WAN)' und ,Banks Cross-National Time-Series' sind die Daten nicht frei zugänglich, auch die statistischen Daten von der Weltbank zu diesem Indikator sind nur bis einschließlich des Jahres 2004 vorhanden, http://data.worldbank.org/indicator/IT.PRT.NEWS.P3, Zugriff am 19.04.2012.

[172] Fn 170

[173] Fn 170

(2) Kontrolle

Tabelle 4: Wettbewerb

Komponente	Subkomponente	Indikator	Kurzbeschreibung	Quelle	2008	2009	2010	2011	2012
Vulnerabilität (Wettbewerbsfähigkeit von Wahlen)	Formelle Regeln für Konkurrenz	Meandistrict	Durchschnittliche Wahlkreisgröße	DPI, IPU, ACE[174]	144,85[175]	144,85	144,85	144,85	144,85
		Gerryman	Die Möglichkeit Wahlkreise/Wahlbezirke abzugrenzen.	ACE	1[176]	1	1	1	1

[174] Das neue ungarische Wahlgesetz http://fruitsandvotes.com/?p=5783, welches auch die Wahlkreiseinteilung betrifft, tritt erst ab 2013 in Kraft. Dieses Gesetz sieht vor, dass die Wahlkreise neu nach einem geographischen System eingeteilt werden, wonach die Wahlkreise nun die Teilgebiete ersetzen und Ungarn in 150 bis 250 Wahlkreise unterteilt wird, http://aceproject.org/regions-en/countries-and-territories/HU/news/hungary-election-law-to-be-adjusted-to-public, Zugriff am 19.04.2012.

[175] Diese Zahlenwerte werden aus dem Demokratiebarometer entnommen, da es keine Veränderung im Wahlgesetz gab. Erst infolge der Neuaufteilung der Wahlkreise im Jahr 2013 wird sich die durchschnittliche Wahlkreisgröße verändern.

[176] Die Möglichkeit, die Wahlkreise strategisch abzugrenzen und somit den Gleichheitsgrundsatz bei der Wahlkreiseinteilung zu verletzen, besteht in Ungarn, http://aceproject.org/epic-en/CDTable?question=BD001&view=country&set_language=en , ebenso ist die Amtsleitung des nationalen Wahlbüros für die Wahlkreiseinteilung verantwortlich http://www.unhcr.org/refworld/pdfid/4c3465ed2.pdf, Zugriff am 19.04.2012.

			51,8[178]	51,8	32,2[179]	32,2	32,2
Knappheit des Wahlresultates	Largpavo	Die Spanne der elektoralen Konzentration der Stimmen (100- größte Partei)	WZB[177]				
	Votediff	Die Differenz zwischen der größten und zweitgröß-ten Partei aller Stimmen im Unterhaus in %.	WZB[180]	94,3[181]	94,3	47,5[182]	47,5	47,5
Geringe Sitz-konzentration	Herfindex	Herfindahl-Index: Die Summe der ausgeglichenen Sitze verteilt auf alle Parteien im Parlament	DPI[183]	/	/	/	/	/

[177] Laut dem Codebook vom Demokratiebarometer werden die Werte für diesen Indikator selbst von Projektmitarbeitern am WZB berechnet, zwar wird eine Formel angegeben, aber diese ist sehr ungenau. Wenn man diese Formel für die Jahre 2002 und 2006 verwendet und die Ergebnisse mit denen vom Demokratiebarometer vergleicht, dann stimmen sie nicht überein, was möglicherweise auf Berechnungsfehler von Projektmitarbeitern des Demokratiebarometers hindeutet. Daher werden die Werte selbstständig mithilfe der Datenquelle IPU berechnet. Darüber hinaus fällt auf, dass für jedes Jahr, in dem eine Wahl stattfand andere Werte als in den darauffolgenden Jahren bis zur nächsten Wahl errechnet werden, aber die Parlamentswahlen in Ungarn fanden nur in den Jahren 1990, 1994, 1998, 2002, 2006 und 2010 (also nur alle 4 Jahre) statt.

[178] Es wird selbstständig ein Wert die Spanne der elektoralen Konzentration der Stimmen für das Wahljahr 2006 ermittelt. Bei dieser Wahl war die MSZP mit 48,2 Prozent der Stimmen die größte Partei; Datenquelle: http://www.ipu.org/parline-e/reports/arc/2141_06.htm, Zugriff am 23.04.2012.

[179] Es wird selbstständig ein Wert die Spanne der elektoralen Konzentration der Stimmen für das Wahljahr 2010 ermittelt. Bei dieser Wahl ist das Wahlbündnis FIDESZ-KDNP mit 67,8 Prozent der Stimmen die größte Partei; Datenquelle: http://www.ipu.org/parline-e/reports/2141_E.htm, Zugriff am 23.04.2012.

[180] Fn 177

[181] Es wird selbstständig ein Wert für die Differenz zwischen der größten und zweitgrößten Partei aller Stimmen im Unterhaus in Prozent für das Wahljahr 2006 ermittelt. Datenquelle: http://www.ipu.org/parline-e/reports/arc/2141_06.htm, Zugriff am 23.04.2012.

[182] Es wird selbstständig ein Wert für die Differenz zwischen der größten und zweitgrößten Partei aller Stimmen im Unterhaus in Prozent für das Wahljahr 2010 ermittelt. Datenquelle: http://www.ipu.org/parline-e/reports/2141_E.htm, Zugriff am 23.04.2012.

[183] Es ist nicht nachvollziehbar, wie die Werte für diesen Indikator zustande gekommen sind, wenn die Daten aus der angegebenen Quelle entnommen worden sind. Außerdem basieren die Werte für diesen Indikator laut dem Codebook auf eigenen Berechnungen von Projektmitarbeitern des WZB, wobei keine Formel zur Berechnung angegeben ist. Laut der angegebenen Quelle ‚Database of Political Institutions 2009' (DPI) von der Weltbank sind für diesen Indikator keine Werte nach 1991 für Ungarn vorhanden.
http://econ.worldbank.org/WBSITE/EXTERNAL/EXTDEC/EXTRESEARCH/0,,contentMDK:20649465~pagePK:64214825~piPK:64214943~theSitePK:469382,00.html , Zugriff am 20.04.2012

‚Contestabilität' (Offenheit der Wahlen)		Beschreibung	Quelle					
Niedrige Wahlhürden	Seatdiff	Die Differenz zwischen der größten und zweitgrößten Partei aller Mandate im Unterhaus in %.	WZB[184]	94,3[185]	94,3	47,4[186]	47,4	47,4
	Adminhurd	Niedrige administrative Hürden um ein elektoraler Konkurrent zu werden.	ACE	-4,5[187]	-4,5	-4,5	-4,5	-4,5
	Legthresh	Keine oder niedrige legale Prozentschwellen/-hürden.	DPI	95[188]	95	95	95	95[189]
Effektive Wettbewerbschancen	Smallpavo	Die Chance für kleine Parteien, ein Mandat zu erlangen: der Stimmenanteil von kleineren Parteien im nationalen Parlament (multipliziert mit -1).	WZB[190]	-0,26[191]	-0,26	-0,26[192]	-0,26	-0,26

184 Fn 177

185 Es wird selbstständig ein Wert für die Differenz zwischen der größten und zweitgrößten Partei aller Mandate im Unterhaus in Prozent für das Wahljahr 2006 ermittelt. Datenquelle: http://www.ipu.org/parline-e/reports/arc/2141_06.htm, Zugriff am 23.04.2012

186 Es wird selbstständig ein Wert für die Differenz zwischen der größten und zweitgrößten Partei aller Mandate im Unterhaus in Prozent für das Wahljahr 2006 ermittelt. Datenquelle: http://www.ipu.org/parline-e/reports/2141_E.htm, Zugriff am 23.04.2012

187 Die Zahlenwerte für diesen Indikator werden vom Demokratiebarometer übernommen, da erst infolge des neuen Wahlgesetzes eine Veränderung des Wertes wahrscheinlich ist, http://aceproject.org/epic-en/CDTable?question=PC001&view=country&set language=en, Zugriff am 20.04.2012.

188 Laut der angegebenen Quelle ‚Database of Political Institutions 2009' (DPI) von der Weltbank beträgt die gesetzlich festgelegt Prozenthürde bzw. –schwelle in Ungarn 5%, http://econ.worldbank.org/WBSITE/EXTERNAL/EXTDEC/EXTRESEARCH/0,,contentMDK:20649465~pagePK:64214825~piPK:64214943~theSitePK:469382,00.html , Zugriff am 19.04.2012.

189 Die angegebene Datenquelle enthält nur Angaben bis einschließlich 2009, aber auch im neuen ungarischen Wahlgesetz wird die 5 Prozent Schwelle beibehalten, http://fruitsandvotes.com/?p=5783, Zugriff am 19.04.2012.

190 Fn 177

191 Es wird selbstständig ein Wert für die Chance kleiner Parteien, ein Mandat zu erlangen (also der Stimmenanteil von kleineren Parteien im nationalen Parlament) im Unterhaus für das Wahljahr 2006 ermittelt. Die kleinste Partei war die SOMOGYÉRT. Datenquelle: http://www.ipu.org/parline-e/reports/arc/2141_06.htm, Zugriff am 23.04.2012

192 Es wird selbstständig für die Chance kleiner Parteien, ein Mandat zu erlangen (also der Stimmenanteil von kleineren Parteien im nationalen Parlament) im Unterhaus für das Wahljahr 2010 ermittelt. Die kleinste Partei waren die Unabhängigen (Independents) mit einem Direktmandat, Datenquelle: http://www.ipu.org/parline-e/reports/2141_E.htm, Zugriff am 23.04.2012

	Nuparties		WZB[193]	5[194]	5	4[195]	4	4
Effektive Eintrittschancen		Die Anzahl der wichtigsten Parteien (> 1 % der Stimmen) die für die Wahlen kandidieren.	WZB[193]	5[194]	5	4[195]	4	4
	Enep	Die effektive Anzahl an Parteien auf der elektoralen Ebene	Gallagher[196]	2,80[197]	2,80	2,82[198]	2,82	2,82
	Effparrat	Das Verhältnis von der effektiven Anzahl an Parteien auf der parlamentarischen Ebene und der effektiven Anzahl an Parteien auf der elektoralen Ebene	Gallagher[199]	/	/	/	/	/

193 Fn 177
194 Es wird selbstständig ein Wert für die Anzahl der wichtigsten Parteien (> 1 % der Stimmen), die für die Wahlen 20006 kandidierten, ermittelt. Datenquelle: http://www.ipu.org/parline-e/reports/arc/2141_06.htm, Zugriff am 23.04.2012
195 Es wird selbstständig ein Wert für die Anzahl der wichtigsten Parteien (> 1 % der Stimmen), die für die Wahlen 2010 kandidierten, ermittelt. Datenquelle: http://www.ipu.org/parline-e/reports/2141_E.htm, Zugriff am 23.04.2012
196 Laut dem Codebook vom Demokratiebarometer werden die Werte für diesen Indikator selbst von Projektmitarbeitern am WZB berechnet, zwar ist als Datenquelle Gallaghers 'Election Indices' angegeben. Aber wenn man die Zahlenwerte von Gallagher (Variable: 'Effective number of elective parties') mit denen vom Demokratiebarometer für die Wahljahre 2002 und 2006 vergleicht, dann stimmen sie nicht überein. Darüber hinaus fällt auf, dass für jedes Jahr, in dem eine Wahl stattfand, andere Werte als in den darauffolgenden Jahren bis zur nächsten Wahl errechnet worden sind, aber die Parlamentswahlen in Ungarn fanden nur in den Jahren 1990, 1994, 1998, 2002, 2006 und 2010 (also nur alle 4 Jahre) statt und daher ist auch nicht nachvollziehbar, wie diese Werte ermittelt worden sind. http://www.tcd.ie/Political_Science/staff/michael_gallagher/ElSystems/, Zugriff am 23.04.2012.
197 Es werden die von Gallagher errechneten Werte vom Wahljahr 2006 übernommen (Gallagher 'Election Indices' 2012: 14), http://www.tcd.ie/Political_Science/staff/michael_gallagher/ElSystems/Docts/ElectionIndices.pdf, Zugriff am 23.04.2012
198 Es werden die von Gallagher errechneten Werte vom Wahljahr 2010 übernommen (Gallagher 'Election Indices' 2012: 14), http://www.tcd.ie/Political_Science/staff/michael_gallagher/ElSystems/Docts/ElectionIndices.pdf, Zugriff am 23.04.
199 Laut dem Codebook vom Demokratiebarometer werden die Werte für diesen Indikator selbst von Projektmitarbeitern am WZB berechnet, zwar ist als Datenquelle Gallaghers 'Election Indices' angegeben, aber keine genaue Formel, so dass nicht nachvollziehbar ist, wie die Zahlenwerte errechnet werden.

Tabelle 5: Gewaltenkontrolle

Komponente	Subkomponente	Indikator	Kurzbeschreibung	Quelle	2008	2009	2010	2011	2012
Beziehung zwischen Exekutive und Legislative	Institutionalisierte Absetzungsmöglichkeiten für Exekutive und Legislative	Controlex	Die Legislative hat die Möglichkeit die Exekutive abzuwählen (durch Misstrauensvotum oder Amtsenthebungsverfahren)	IPU[200]	2,5	2,5	2,5	2,5	2,5[201]
		Controlle	Die Exekutive hat die Möglichkeit, ein Veto gegen Gesetze, die von der Legislative verabschiedet worden sind, einzulegen und kann die Vertrauensfrage stellen.	CON	2[202]	2	2	2	2[203]
	Ausgeglichene Machtbalance	Balpowexle	Gewaltenteilung (Opposition vs. Regierung) nach Altman/Perez-Liñan 2002.	WZB[204]	0,87[205]	0,87	-1,15[206]	-1,15	-1,15

[200] Der MP kann nur durch ein konstruktives Misstrauensvotum im Parlament aus seiner Position entlassen werden (vgl. Alte Verf. Art. 39/A) und auch der Präsident kann durch ein Amtsenthebungsverfahren aus seinem Amt entlassen werden (vgl. Alte Verf. Art. 31).

[201] Der MP kann durch ein konstruktives Misstrauensvotum im Parlament aus seiner Position entlassen werden (vgl. Neue Verf. Art. 21) und auch der Präsident kann durch ein Amtsenthebungsverfahren aus seinem Amt entlassen werden (vgl. Neue Verf. Art. 13).

[202] Die ungarische Regierung kann die Vertrauensfrage stellen (vgl. Alte Verf. Art. 39/A Abs. 3-5) und der Präsident hat als Staatsoberhaupt das Recht, ein verfassungsrechtliches Veto zu nutzen, in dem er aus rechtlichen Gründen, die Ausfertigung der von Parlament beschlossenen Gesetze verweigert (vgl. Alte Verf. Art. 26 Abs. 2).

[203] Der MP kann ein Vertrauensvotum sowie die Abstimmung über einen von der Regierung eingereichten Vorschlag, der zugleich ein Vertrauensvotum sein soll, initiieren (vgl. Neue Verf. Art. 21 Abs. 3-4) und dem Präsidenten wird ein verfassungsrechtliches Veto zugesichert (vgl. Neue Verf. Art. 9 Abs. 3 i).

[204] Laut dem Codebook vom Demokratiebarometer werden die Werte für diesen Indikator selbst von Projektmitarbeitern am WZB berechnet, zwar wird angegeben, dass die Zahlenwerte für diesen Indikator mit der Formel von Altman/Perez-Liñan (2002) berechnet werden, aber es fehlt die Angabe darüber, auf welche Datenquelle(n) zurückgegriffen wird. Wenn man versucht diese Formel auf frühere Jahre anzuwenden (z.B. mithilfe von den Wahlergebnissen der IPU), kommt man nicht auf die vom Forscherteam des Demokratiebarometers ermittelten Werte, wie beispielsweise von 2002 und 2006. Möglicherweise handelt es sich sogar um einen Berechnungsfehler, da beispielsweise für die ungarische Wahl des Unterhauses im Jahr 2006 ein Wert von 0,97 angegeben wird, aber nach eigenen Berechnungen (Datenquelle: IPU) kommt man auf einen Wert von 0,87 http://www.ipu.org/parline-e/reports/arc/2141_06.htm, Zugriff am 22.04.2012

[205] Es wird selbstständig ein Wert (mithilfe der Formel von Altman/Perez-Liñan 2002) für das Wahljahr 2006 ermittelt, Datenquelle: http://www.ipu.org/parline-e/reports/arc/2141_06.htm, Zugriff, am 22.04.2012.

[206] Es wird selbstständig ein Wert für das Wahljahr 2010 ermittelt (mithilfe der Formel von Altman/Perez-Liñan 2002), aber man erhält für die Wahl 2010 einen negativen Wert, obwohl im Codebook vom Demokratiebarometer angegeben ist, dass die Wertebereich nur von 0,38 bis 1,0 gehen soll. Aber die Balance zwischen Regierung und Opposition hat sich nach der Wahl im Jahr 2010 drastisch verändert, da das Wahlbündnis Fidesz-KDNP mit 263 Mandaten eine 2/3 Mehrheit erlangt, Datenquelle: http://de.wikipedia.org/wiki/Parlamentswahl_in_Ungarn_2010, Zugriff am 23.04.2012

			WZB[207]	54,40[208]	54,40	68,13[209]	68,13	68,13
zwischen Executive und Legislative	Seatsgov	Der Anteil an Parlamentssitzen, die den Regierungsparteien angehören.						
Weitere institutionelle Sicherungen	Federgeta	Der Föderalismusindex[210]	Gerring/ Thacker 2004	1[211]	1	1	1	1
	Nonunitar	Der Durchschnitt/Mittelwert von nicht föderalistisch und nicht bikameral.	QOG[212]	0	0	0	0	0
Verfassungsgerichtsbarkeit	Judrev	Das Ausmaß, zu dem Richter (entweder vom Obersten Gericht oder Verfassungsgericht) die Macht haben, die Verfassungsmäßigkeit von Gesetzen in einem bestimmten Land zu überprüfen.	La Porta et al.[213] (2003)	2[214]	2	2	2	1[215]
	Powjudi	Die Macht der Judikative. Die Möglichkeit, politische Entscheidungen zu kontrollieren.	ursprüngliche Quelle: DAP[216] hier: selbst-ständig erhoben	2[217]	2	2	2	1[218]

[207] Laut dem Codebook vom Demokratiebarometer werden die Werte für diesen Indikator selbst von Projektmitarbeitern am WZB berechnet. Es ist weder eine genaue Formel angegeben, noch ist ersichtlich auf welche Datenquelle(n) zurückgegriffen wird. Aber wenn man den prozentualen Anteil an Sitzen, die die Regierungspartei(en) für die Wahlen 2002 und 2006 errechnet, kommt man auf andere Werte im Vergleich zu den vom Demokratiebarometer angegebenen Zahlenwerte.

[208] Es wird selbstständig ein Wert für das Wahljahr 2006 ermittelt, Datenquelle: http://www.ipu.org/parline-e/reports/arc/2141_06.htm, Zugriff am 23.04.2012.

[209] Es wird selbstständig ein Wert für das Wahljahr 2010 ermittelt, Datenquelle: http://de.wikipedia.org/wiki/Parlamentswahl_in_Ungarn_2010, Zugriff am 23.04.2012

[210] Die Projektmitarbeiter haben sich vom Grundgedanken her an Gerring and Thacker (2004) orientiert.

[211] Ungarn ist weder föderal, noch gibt es eine Zweite Kammer, http://www.ipu.org/parline-e/reports/CtrlParlementaire/2141_F.htm, Zugriff am 22.04.2012

[212] Fn 211

[213] Anstelle der ursprünglich angegebenen Quelle wird die Alte und Neue Verfassung genutzt, um festzustellen, ob die Verfassungsrichter in Ungarn das Recht haben, alle Gesetze auf ihre Verfassungsmäßigkeit hin zu überprüfen.

[214] vgl. Alte Verf. Art. 32/A Abs. 1

[215] vgl. Neue Verf. Art. 24 Abs. 2 e

[216] Fn 118

[217] vgl. Alte Verf. Art. 32/A Abs. 1

[218] Vgl. Neue Verf. Art. 24

			WB, GFS[219]	/	/	/	/
Subnationale fiskale Autonomie	Subexp	Subnationale Aufwendungen in Relation zu den Gesamtausgaben.	WB, GFS[219]	/	/	/	/
	Subrev	Subnationale Einnahmen in Relation zum Bruttoinlandsprodukt.	WB, GFS[220]	/	/	/	/

[219] Laut dem Codebook vom Demokratiebarometer werden die Werte für diesen Indikator selbst von Projektmitarbeitern am WZB berechnet. Es wird zwar angegeben, welche Datenquelle verwendet werden, aber es ist nicht eindeutig nachvollziehbar, welche Variablen von den angegebenen Quellen (Weltbank und Internationaler Währungsfond) verwendet worden sind. Außerdem wird keine genaue Formel angegeben, daher ist die Berechnung der Zahlenwerte für diesen Indikator nicht möglich.

[220] Fn 219

Tabelle 6: Regierungs- und Implementierungsfähigkeit

Komponente	Subkomponente	Indikator	Kurzbeschreibung	Quelle	2008	2009	2010	2011	2012
(staatlichen) Ressourcen	Zeithorizont	Legislen	Die Dauer der Legislaturperiode	Con, IPU, Wikipedia	4[221]	4	4	4	4[222]
		Govterm	Darf die Regierung nach Ablauf eines festgelegten Zeitraums wiedergewählt werden?	CIA[223]	3[224]	3	3	3	3[225]
	Öffentliche Unterstützung	Confgov	Der Anteil an Bürgern mit einem hohen Maß an Vertrauen in die Regierung.	ESS[226]	32,3[227]	/	/	/	/
		Devbehav	Der Anteil an Bürgern, welcher nicht das Verhalten und die Einstellungen bestätigen, die sich gegen eine demokratische Gesellschaft richten.	WVS, BCNTS[228]	/	/	/	/	/

[221] vgl. Alte Verf. Art. 20 Abs. 1

[222] Vgl. Neue Verf. Art. 2 Abs. 3

[223] Laut dem Codebook vom Demokratiebarometer stammen die Zahlenwerte für diesen Indikator aus dem ‚CIA World Factbook', aber dort können keine äquivalenten Variablen bzw. Angaben gefunden werden, daher werden die Zahlenwerte selbstständig mithilfe anderer Quellen ermittelt.

[224] Der ungarische Präsident kann höchstens einmal wieder gewählt werden (vgl. Alte Verf. Art. 29/A Abs. 3) und zwar laut dem Report ‚Government at a Glance 2011' der OECD erst nach 10 Jahren (Annex H Contextual Factors: S.232) http://www.oecd.org/dataoecd/21/52/48251125.pdf, Zugriff am 23.04.2012.

[225] Der ungarische Präsident kann höchstens einmal wieder gewählt werden (vgl. Neue Verf. Art. 10 Abs. 3) und dem Report ‚Government at a Glance 2011' der OECD erst nach 10 Jahren (Annex H Contextual Factors: S.232) http://www.oecd.org/dataoecd/21/52/48251125.pdf, Zugriff am 23.04.2012.

[226] Für diesen Indikator können keine Angaben gemacht werden, da er auf eigenen Berechnungen von den Verantwortlichen des Demokratiebarometers basiert und keine genaue Formel angegeben ist. Zwar werden mehrere Datenquellen u.a. der ‚European Election Survey' (ESS) angegeben, aber dort findet man keine äquivalente Variable, die mit diesem Indikator vergleichbar ist und daher kann nicht nachvollzogen werden, wie die angegebenen Zahlenwerte zustande kommen.

[227] Es wird ein Wert für diesen Indikator mithilfe einer anderen Quelle ermittelt: Laut GESIS, dem Datenarchiv des ‚International Social Survey Programme' (ISSP) gab es nur in den Jahren 1991,1999 und 2008/2009 Meinungsumfragen in Ungarn und daher kam der Zahlenwert dieses Indikators nur für das Jahr 2008 (European Values Study 2008: Hungary) ermittelt werden, http://info1.gesis.org/dbksearch19/Docs.asp?no=4772, Zugriff am 17.04.2012.

[228] Dieser Indikator basiert auf einer multiplen linearen Regression, die sehr zeitintensiv wäre und den Rahmen dieser Masterarbeit überschreitet. Daher wird auf die Ermittlung bzw. Berechnung der Zahlenwerte für diesen Indikator verzichtet.

	Regierungs-stabilität	Govstab	Die Stabilität der Regierung. Ein Kabinett wird als stabil erachtet, wenn es in der Lage ist, während der gesamten Legislaturperiode in der Regierung zu bleiben.	WZB[229]	/	/	/	/
		Cabchange	Die Anzahl an größeren Kabinettswechseln	BCNTS[230]	/	/	/	/
Bedingungen zur effizienten Implementierung	Keine regierungs-feindlichen Aktionen	Antigovact	Legitimierte regierungsfeindliche Aktionen (wie z.B. Streiks gegen die Regierungspolitik oder die Obrigkeit oder friedliche Versammlungen zum Zweck der Demonstration usw.)	BCNTS[231]	/	/	/	/
		Violantigov	Unrechtmäßige regierungsfeindliche Aktionen (wie z.B. bewaffnete Aktivitäten, Sabotage oder von unabhängigen Banden/Vereinigungen oder irregulären Kräften verübte Anschläge mit dem Ziel das derzeitige Regime zu stürzen usw.)	BCNTS[232]	/	/	/	/
	Keine Einmi-schung	MipRip	Keine politische Einflussnahme durch das Militär oder die Kirche/Religion.	ICRG[233]	/	/	/	/

[229] Laut dem Codebook vom Demokratiebarometer werden die Werte für diesen Indikator selbst von Projektmitarbeitern am WZB berechnet. Es ist zwar eine Formel angegeben, aber sie ist sehr ungenau und es ist auch nicht ersichtlich, auf welche Datenquelle(n) zurückgegriffen wird. Wenn man die Stabilität der Regierung nach der angegebenen Formel für die Wahlen 2002 und 2006 errechnet, kommt man auf andere Werte im Vergleich zu denen des Demokratiebarometers, was daran liegen kann, dass die angegebene Formel nicht das wiedergeben kann, was damit verdeutlicht werden soll.

[230] Die Daten des ,Banks Cross-National Time-Series Data Archive' sind nicht frei zugänglich, daher kann für diesen Indikator keine Zahlenwerte erhoben werden, http://www.databanksinternational.com, Zugriff am 4.04.2012

[231] Fn 230

[232] Fn 230

[233] Für diesen Indikator werden von den Projektmitarbeitern des Demokratiebarometers aufgrund des Urheberschutzes für kein Land Zahlenwerte im Datensatz der unstandardisierten Indikatoren angegeben.

Durchsetzungsfähigkeit der Verwaltung	Publser	Die Unabhängigkeit des öffentlichen Dienstes gegenüber politischer Einflussnahme.	IMD[234]	/	/	/	/
	Govdec	Die Entscheidungen der Regierung werden effektiv implementiert.	IMD[235]	/	/	/	/
	Bureau	Die Bürokratie hat die Macht und Expertise ohne durch drastische Eingriffe in die Politik oder durch Unterbrechungen der öffentlichen Dienstleistungen, ihren Aufgaben in der Verwaltung nachzugehen.	ICRG[236]	/	/	/	/

[234] Dieser Indikator basiert auf einer multiplen linearen Regression, die sehr zeitintensiv wäre und den Rahmen dieser Masterarbeit überschreitet. Daher wird auf die Ermittlung bzw. Berechnung der Zahlenwerte für diesen Indikator verzichtet.

[235] Fn 234

[236] Fn 233

(3) Gleichheit

Tabelle 7: Transparenz

Komponente	Subkomponente	Indikator	Kurzbeschreibung	Quelle	2008	2009	2010	2011	2012
Absenz von Geheimhaltung	Keine Korruption	Discinco	Die Existenz einer Bestimmung über die Offenlegung der Einkünfte von den politischen Parteien.	IDEA-F	2[237]	2	2	2	2
		Discexp	Die Existenz einer Bestimmung über die öffentliche Bekanntgabe der Ausgaben von den politischen Parteien.	IDEA-F	1[238]	1	1	1	1
	Offenlegung von Parteifinanzierung	Bribcorr	Die Bewertung/Einschätzung über die Verbreitung von Bestechung und Korruption.	IMD[239]	/	/	/	/	/
		CPI	Korruptionswahrnehmungsindex (CPI)	TI	5,1[240]	5,1[241]	4,7[242]	4,6[243]	/
Voraussetzungen für transparentes politisches ...	Offene und freie politische Berichterstattung	RestricFOI	Beschränkung der Informationsfreiheit/Zugangsbarrieren zu offiziellen Informationen/Verlautbarungen	Banisar (2006), CON[244]	/	/	/	/	/

[237] Die ungarischen Parteien müssen jährlich ihre Parteienfinanzierung offenlegen (vgl. Gesetz Nr. XXXIII von 1989 über die Funktion und die Wirtschaftsführung der Parteien); Jede politische Partei, die für die Wahlen kandidiert, muss die Höhe, Quelle und Verwendung der Beiträge und Spenden, die sie erhalten hat (vgl. Gesetz C von 1997 über den Wahlmodus), offenlegen http://www.idea.int/political-finance/country.cfm?id=100, Zugriff am 24.04.2012.

[238] Fn 237

[239] Fn 234

[240] vgl. ‚Corruption Perceptions Index 2008‘, http://www.transparency.org/news_room/in_focus/2008/cpi2008/cpi_2008_table, Zugriff am 24.04.2012

[241] vgl. ‚Corruption Perceptions Index 2009‘, http://www.transparency.org/policy_research/surveys_indices/cpi/2009/cpi_2009_table, Zugriff am 24.04.2012

[242] vgl. ‚Corruption Perceptions Index 2010‘, http://www.transparency.org/policy_research/surveys_indices/cpi/2010/results, Zugriff am 24.04.2012

[243] vgl. ‚Corruption Perceptions Index 2011‘, http://cpi.transparency.org/cpi2011/results/#CountryResults, Zugriff am 24.04.2012

tischen Pro-zess	EffFOI	Die Wirksamkeit des Gesetzes zur Informationsfreiheit.	Banisar (2006), CON[245]	/	/	/	/
Informationsfrei-heitsgesetzgebung	Legmedia	Eine parallele Untersuchung der Gesetze und Verord-nungen, die den Inhalt der Medien beeinflussen und die Neigung der Regierung diese Gesetze und legalen Insti-tutionen zu benutzen, um die Medien in ihrem Funktio-nieren einzuschränken.	FH[246]	/	/	/	/
	Polmedia	Die Evaluation zum Ausmaß der politischen Kontrolle über den Inhalt der Nachrichtenmedien.	FH[247]	/	/	/	/
Bereitschaft zur transparenten Kommunikation	Transp	Die Bewertung der Transparenz der Regierungspolitik	IMD[248]	/	/	/	/

[244] Laut dem Codebook vom Demokratiebarometer basiert dieser Indikator auf einer eigenen Zusammenstellung aus Werten verschiedener Quellen, daher kann nicht eindeu-tig nachvollzogen werden, wie der ermittelte Werte aus vorangegangen Jahren zustande gekommen sind.

[245] Fn 244

[246] Laut dem Codebook vom Demokratiebarometer werden die Werte für diesen Indikator nach einem selbst entwickelten Index von Projektmitarbeitern am WZB berechnet, zwar ist eine Formel und als Datenquelle ‚Freedom of the Press' (http://www.freedomhouse.org/report-types/freedom-press, Zugriff am 27.04.2012) angegeben, aber wenn man versucht diese Formel auf frühere Jahre anzuwenden, kommt man nicht auf dieselben vom Forscherteam des Demokratiebarometers ermittelten Werte. Daher scheint, die vom Demokratiebarometer angegebene Formel zu ungenau zu sein. **Aber:** Infolge der Änderungen bzw. Verschärfungen des ungarischen Mediengesetzes (Act CLXXXV of 2010 on Media Services and Mass Media, http://www.nmhh.hu/dokumentum.php?cid=26536, Zugriff am 27. 04.2012) und durch die Schaffung des Medi-enkontrollrats wird die Presse- und Informationsfreiheit gravierend eingeschränkt. Man müsste für diesen Indikator somit einen sehr hohen Wert erhalten. Auch anhand des Freedom House Reports 2012 zur Pressefreiheit Ungarns dies deutlich, denn hier wird die ungarische Pressefreiheit von der Kategorie ‚frei' auf ‚teilweise frei' herabgestuft, http://www.freedomhouse.org/sites/default/files/Hungary%20draft.pdf, Zugriff am 4.05.2012.

[247] Fn 246 **und:** Für das Jahr 2006 erhält man beispielsweise den Wert 36,8, daher scheint die vom Demokratiebarometer angegebene Formel zu ungenau zu sein. Eigentlich müsste man im Jahr 2011 aufgrund der Schaffung des Medienkontrollrates, einen sehr hohen Wert erhalten.

[248] Fn 234

Tabelle 8: Partizipation

Komponente	Subkomponente	Indikator	Kurzbeschreibung	Quelle	2008	2009	2010	2011	2012
Partizipations-rechte	Partizipationsrechte	Suffrage	Der Grad des allgemeinen und aktiven Wahlrechts.	Paxton et al. 2003	98,75[249]	98,75	98,75	98,75	< 98[250]
		Regprovap	Das Verhältnis der registrierten Wähler zum Bevölkerungsanteil im wahlfähigen Alter	IDEA-T	63,81[251]	63,81	30,60[252]	30,60	30,60
	Nicht-Selektivität der Wahlpartizipation	Repturnined	Die repräsentative Wahlbeteiligung in Bezug auf die Ressourcen Bildung und Einkommen	ESS, ISS[253]	/	/	/	/	/
		Repturngeag	Die repräsentative Wahlbeteiligung in Bezug auf Geschlecht und Alter	ESS, ISS[254]	/	/	/	/	/

[249] Die Zahlenwerte für für diesen Indikator sind aus dem Demokratiebarometer entnommen, da es bis 2012 keine Verfassungsrechtlichen Veränderungen gab.

[250] Es wird versucht, den Zahlenwert für diesen Indikator selbstständig mithilfe der Neuen Verfassung und der angegebenen Quelle (Paxton et al. 2003: 113-117) zu ermitteln, aber man kann ihn so genau nicht bestimmen. Denn der neuen ungarischen Verfassung kann bspw. nicht entnommen werden, dass diejenigen, die keine Staatsbürgerrechte oder die wegen des Begehens einer Straftat oder ihrer beschränkten Einsichtsfähigkeit durch ein Gericht vom Wahlrecht ausgeschlossen werden, kein aktives oder passives Wahlrecht besitzen (vgl. Artikel XXIII Abs. 1,2 und 6). Gleichzeitig wird erwähnt, dass das aktive Wahlrecht an einen Wohnsitz in Ungarn gebunden ist, was in einem anderen Schwerpunktgesetz erläutert sein soll und, dass das passive Wahlrecht an weitere Bedingungen geknüpft sei, welche wiederum nicht in der Verfassung erläutert sind (vgl. Artikel XXIII Abs. 4). Daher wird angenommen, dass der Zahlenwert für diesen Indikator noch weit unter dem ermittelten Wert liegt.

[251] Vgl. IDEA ‚Voter turnout data for Hungary' http://www.idea.int/vt/country_view.cfm?CountryCode=HU, Zugriff am 27.04.2012

[252] Fn 251

[253] Für diesen Indikator können keine Angaben gemacht werden, da er auf eigenen Berechnungen von den Verantwortlichen des Demokratiebarometers basiert und keine genaue Formel angegeben ist. Zwar werden mehrere Datenquellen u.a. der ‚European Election Survey'(ESS) oder das ‚International Social Survey Programme' angegeben, aber dort findet man keine äquivalente Variable, die mit diesem Indikator vergleichbar ist. Daher kann nicht nachvollzogen werden, wie die angegebenen Zahlenwerte zustande gekommen sind

[254] Fn 253

Nicht-Selektivität alternativer Partizipation	Repaltined	Repräsentative, alternative Partizipation (Petitionen unterzeichnen, an legalen Demonstrationen teilnehmen) hinsichtlich Bildung und Einkommen	ESS, ISS[255]	/	/	/	/	/
	Repaltgeag	Repräsentative, alternative Partizipation (Petitionen unterzeichnen, an legalen Demonstrationen teilnehmen) in Bezug auf Geschlecht und Alter	ESS, ISS[256]	/	/	/	/	/
Effektive Partizipation — Gesetzliche Grundlagen zu erleichterten Stimmabgabe	Facilitat	Die Erleichterung von elektoraler Partizipation	ACE, IDEA-T	1	1	2[257]	2	2
	Regist	Die Wählerregistrierung ist nicht verpflichtend	ACE	1	1	0[258]	0	0
Effektive institutionalisierte Partizipation	Meanpart	Die durchschnittliche Partizipationsrate in Prozent der eingetragenen Wählerschaft bei Parlamentswahlen	IPU	67,57[259]	67,57	64,38[260]	64,38	64,38
Effektive nicht-institutionalisierte Partizipation	Petition	Die Praxis von nicht-institutionalisierter Partizipation: Anteil an Befragten, die angaben, eine Petition unterzeichnet zu haben	ESS, ISS[261]	/	/	/	/	/

[255] Fn 253

[256] Fn 253

[257] Seit der Wahlgesetzänderung im Mai 2010 wird nicht nur in den Wahllokalen der Wahlkreise gewählt, wo die Wahlberechtigten für die Parlamentswahlen registriert sind, sondern auch in mobilen Wahllokalen http://aceproject.org/epic-en/CDTable?question=VO003&view=country&set_language=en, Zugriff am 27.04.2012

[258] Seit der Wahlgesetzänderung im Mai 2010 ist Wählerregistrierung verpflichtend, http://aceproject.org/epic-en/CDTable?question=VR008&view=country&set_language=en, Zugriff am 27.04.2012

[259] Die Wahlbeteiligung liegt bei der ersten Runde der Parlamentswahl am 9. April 2006 bei 67,57 Prozent, http://www.ipu.org/parline-e/reports/arc/2141_06.htm, Zugriff am 27.04.2012

[260] Die Wahlbeteiligung liegt bei der ersten Runde der Parlamentswahl am 11.April bei 64,38 Prozent, http://www.ipu.org/parline-e/reports/2141_E.htm, Zugriff am 27.04.2012

[261] Fn 253

Anhang

	Demons	Die Praxis von nicht- institutionalisierter Partizipation: Anteil an Befragten, die angaben, an einer legalen Demonstration teilgenommen zu haben	ESS, ISS[262]	/	/	/	/	/

84

---

[262] Fn 253

Tabelle 9: Repräsentation

Komponente	Subkomponente	Indikator	Kurzbeschreibung	Quelle	2008	2009	2010	2011	2012
Substantielle Repräsentation	Strukturelle Opportunitäten substantieller Repräsentation	Seatperin	Die Anzahl an Sitzen (im Unterhaus) je 100.000 Einwohner	ACEA, DPI, IPU[263]	3,85	3,85	3,86	/	/
		Dirdem	Die Möglichkeiten des direkten Einflusses auf politische Entscheidungen. Das Vorhandensein von verbindlichen und fakultativen Referenden.	ACE, CON, C2D, Wikipedia, IRI[264]	/	/	/	/	/
	Disproportionalität	Gallagindex	Der Disproportionalitätsindex nach Gallagher (multipliziert mit -1)	WZB[265]	-3,29[266]	-3,29	-11,05[267]	-11,05	-11,05
		Issuecongr	Die Kongruenz zwischen der Links-Rechts-Positionierung der Wähler und der Links-Rechts-Positionierung der Abgeordneten	Altman et al. (2009), ESS, ISS, IPU usw.[268]	/	/	/	/	/

[263] Laut dem Codebook vom Demokratiebarometer werden Zahlenwerte für diesen Indikator mithilfe der angegebenen Quellen berechnet, aber Angaben zu den genauen Einwohnerzahlen in Ungarn für die unterschiedlichen Jahre werden dort nicht gefunden, sondern bei der folgenden Quelle: http://en.wikipedia.org/wiki/Demographics_of_Hungary#Population, Zugriff am 28.04.2012

[264] Laut dem Codebook vom Demokratiebarometer basiert dieser Indikator auf einer eigenen Zusammenstellung aus Werten verschiedener Quellen, daher kann nicht eindeutig nachvollzogen werden, wie der ermittelte Wert aus vorangegangen Jahren zustande kommen.

[265] Laut dem Codebook vom Demokratiebarometer haben die Projektmitarbeiter zur Berechnung des Zahlenwertes für diesen Indikator die Formel für den Gallagher-Index bzw. den Disproportionalitätsindex verwendet. Wenn man aber diese Formel auf frühere Jahre anwendet, zum Beispiel für das Wahljahr 2006, erhält man einen anderen Zahlenwert. Auch ist nicht die Quelle angegeben, woher der Zahlenwert stammt. Darüber hinaus fällt auf, dass beinahe für jedes Jahr, in dem eine Wahl stattfand andere Werte als in den darauffolgenden Jahren bis zur nächsten Wahl berechnet werden, aber es fanden nur alle 4 Jahre Wahlen statt. Daher wird vermutet, dass es sich um Berechnungsfehler handelt.

[266] Es wird selbstständig ein Wert (mithilfe der Formel von Gallagher) für das Wahljahr 2006 ermittelt, Datenquelle: http://www.ipu.org/parline-e/reports/arc/2141_06.htm, Zugriff, am 28.04.2012

[267] Es wird selbstständig ein Wert (mithilfe der Formel von Gallagher) für das Wahljahr 2010 ermittelt, Datenquelle: http://www.valasztas.hu/en/parval2010/298/298_0_index.html , Zugriff, am 28.04.2012

[268] Dieser Indikator basiert auf einer multiplen linearen Regression, die sehr zeitintensiv wäre und den Rahmen dieser Masterarbeit überschreitet. Daher wird auf die Ermittlung bzw. Berechnung der Zahlenwerte für diesen Indikator verzichtet.

Deskriptive Repräsentation	Spezifische politische Frauenrechte	Polrightwom							
		Polrightwom	Maßnahmen für politische Rechte von Frauen (einschließlich Wahlrecht, Recht für ein politisches Amt zu kandidieren, Recht gewählt zu werden und für Regierungsämter ernannt zu werden usw.)	CIRI	2^{269}	2	2	/	/
		Constraints	Die Existenz von Beschränkungen hinsichtlich des passiven Wahlrechts messen.	IPU[270]	/	/	/	/	/
	Adäquate Frauenvertretung	Womrep	Der Anteil an gewählte Volksvertreterinnen im Unterhaus in Prozent aller Sitze.	IPU	$10{,}36^{271}$	10,36	$9{,}07^{272}$	9,07	9,07
		Womgov	Der Anteil an gewählte Volksvertreterinnen in der Regierung (inklusive der Ministerinnen).	HDR, UNECE[273]	$12{,}5^{274}$	/	/	/	/
	Effektiver Zugang zu politischen Ämtern für Minderheiten	Accpowmin	Der Zugang zur Macht für Minderheiten	MAR[275]	/	/	/	/	/
		Poldismin	Der Index der politischen Diskriminierung von Minderheitengruppen hinsichtlich ihrer ungleichen Repräsentation.	MAR[276]	/	/	/	/	/

[269] Beim ‚Cingranelli-Richards Human Rights Data Project' wurde eigener Datensatz erstellt (Variable: „Women's Political Rights" 2008- 2010), http://ciri.binghamton.edu/myciri/my_ciri.asp, Zugriff am 28.04.2012

[270] Laut Codebook des Demokratiebarometers basiert dieser Indikator auf einer eigenen Zusammenstellung, die zwar erläutert wird, aber bei der angegeben Quelle findet man keine genaueren Angaben zu Beschränkungen des passiven Wahlrechts in Ungarn, daher kann nicht nachvollzogen werden, wie dieser Zahlenwert ermittelt wird.

[271] Es wird selbstständig ein Wert für das Wahljahr 2006 (mithilfe der Daten von der IPU) ermittelt, http://www.ipu.org/parline-e/reports/arc/2141_06.htm, Zugriff am 28.04.2012

[272] Es wird selbstständig ein Wert für das Wahljahr 2010 (mithilfe der Daten von der IPU) ermittelt, http://www.ipu.org/parline-e/reports/2141_E.htm, Zugriff am 28.04.2012

[273] Laut dem Codebook des Demokratiebarometers stammen die Zahlenwerte für diesen Indikator entweder aus den ‚Human Development Reports' oder von erhobenen Daten der Wirtschaftskommission für Europa der Vereinten Nationen, aber ein äquivalenter Indikator kann nur bei der letztgenannten Quelle und auch nur für bis einschließlich 2008 gefunden werden.

[274] Der Zahlenwert für diesen Indikator stammt aus der statistischen Datenbank der Wirtschaftskommission der Wirtschaftskommission für Europa der Vereinten Nationen http://w3.unece.org/pxweb/Dialog/varval.asp?ma=ZZZ_CoSummary_r&path=../database/STAT/10-CountryOverviews/01-Figures/&lang=1, Zugriff am 28.04.2012

[275] Laut dem Codebook des Demokratiebarometers stammen die Zahlenwerte für diesen Indikator vom ‚Minorities at Risk'-Projekt, aber es wurden nur Werte bis einschließlich 2006 erhoben, http://www.cidcm.umd.edu/mar/data.asp#quantitativemar, Zugriff am 28.04.2012

[276] Fn 275

Quelle: Eigene Erhebung

Anmerkung: Die Darstellung dieser Übersicht orientiert sich in Hinblick auf die Gestaltung teilweise am Methodenpapier des Demokratiebarometers. Auf eine genauere Erklärung der abgekürzten Quellen wird an dieser Stelle verzichtet, da diese Angaben unter dem folgenden Link abrufbar sind:

http://www.democracybarometer.org/docu-mentation_de.html

Literatur- und Quellenverzeichnis

Abromeit, Heidrun. 2002. "Die Messbarkeit von Demokratie. Zur Relevanz des Kontexts" *Politische Vierteljahresschrift* 45 (1): 73-93.

Alonso, Sonia. 2011. "Multinational Democracy and the Consequences of Compounded representation. The case of Spain." In: Alonso, Sonia/Keane, John/Merkel, Wolfgang (Hg.) *The Future of Representative Democracy*. Cambridge: Cambridge University Press.

Beetham, David. 2004. „Freedom as Foundation" *Journal of Democracy* 15 (4): 61-75.

Bollen, Kenneth A. 1980. "Issues in Comparative Measurement of Political Democracy." *American Sociological Review* 45 (3): 370-390.

Bartolini, Stefano. 1999. „Collusion, Competition, and Democracy" *Journal of Theoretical Politics* 11 (4): 435-470.

Bartolini, Stefano. 2000. „Collusion, Competition and Democracy: Part II" *Journal of Theoretical Politics* 12 (1): 33-65.

Bos, Ellen. 2011. „Ungarn unter Spannung. Zur Tektonik des politischen Systems" *Osteuropa* 61 (12): 39-63.

Bozóki, András. 2011. „Autoritäre Versuchung. Die Krise der ungarischen Demokratie" *Osteuropa* 61 (12): 65-87.

Böckenförde, Ernst Wolfgang. 1991. *Staat, Verfassung, Demokratie. Studien zur Verfassungstheorie.* Frankfurt am Main: Suhrkamp.

Bühlmann, Marc/Wolfgang Merkel/Lisa Müller/Bernhard Weßels. 2008. „Wie lässt sich Demokratie am besten messen? Zum Forumsbeitrag von Thomas Müller und Susanne Pickel" *Politische Vierteljahresschrift* 49 (1): 114-122.

Bühlmann, Marc/Wolfgang Merkel/Lisa Müller/Heiko Giebler/Bernhard Weßels. 2011. „Demokratiebarometer – ein neues Instrument zur Messung von Demokratiequalität." *Zeitschrift für vergleichende Politikwissenschaft*, im Erscheinen.

Clark, William Roberts/Matt Golder/Sona Nadenichek. 2009. *Principles of Comparative Politics.* Washington, DC: CQ Press.

Collier, David/Steven Levitsky. 2009. "Democracy. Conceptual Hierarchies in Comparative Research." In: David Collier/John Gerring (Hg.) *Concepts and Method in Social Science: The Tradition of Giovanni Sartori.* London: Routledge: 269-288.

Coppedge, Michael/Angel Alvarez/Claudia Maldonato. 2008. "Two Persistent Dimensions of Democracy: Contestation and Inclusiveness" *Journal of Politics* 70 (3): 632-647.

Cunnigham, Frank. 2002. *Theories of Democracy. A Critical Introduction.* London: Routledge.

Dahl, Robert Alan. 1971. *Polyarchy: participation and opposition.* New Haven: Yale University Press.

Dahl, Robert Alan. 1976. *Vorstufen zur Demokratie-Theorie.* Tübingen: Mohr.

Dahl, Robert Alan. 1989. *Democracy and its Critics.* New Haven: Yale University Press.

Demokratiequalität-Ranking. 2007. *Demokratiequalitätsrangliste 2007* Demokratiebarometer Aarau. http://www.democracybarometer.org/ranking_de.html, Zugriff am 30.05.2011

Dieringer, Jürgen. 2009. „Ungarn in der Nachbeitrittskrise" *Aus Politik und Zeitgeschichte* (29-30): 6-11.

Dworkin, Ronald. 1994. „Gleichheit, Demokratie und die Verfassung" In: Ulrich K. Preuß (Hg.) *Zum Begriff der Verfassung. Die Ordnung des Politischen* Frankfurt: Fischer-Taschenbuch-Verlag: 171-209.

Dworkin, Ronald. 2000. *Sovereign Virtue. The Theory and Practice of Equality.* Cambridge: Harvard University Press.

de la Porta, Rafael/Florencio Lopez-de-Silanes/Christian Pop-Eleches/Andrei Shleifer. 2004. „Judicial Checks and Balances" *Journal of Political Economy* 112 (2): 445-470.

Ehrke, Michael. 2007. „Länderanalyse Ungarn: Strukturen eines postkommunistischen Transformationslandes" *FES Internationale Publikationsreihen, Länderanalysen,* Oktober 2007, http://library.fes.de/pdf-files/id/04982.pdf, Zugriff am 27.11.2011.

Elster, Jon. 1990. "The Necessity and Impossibility of Simultaneous Economic and Political." In: Piotr Polszajski (Hg.) *Philosophy of Social Choice*. Warschau: IFis Publ.: 309-316.

FAZ. 2012 a. "Zu hohes Haushaltsdefizit. EU belegt Ungarn mit Sanktionen" *FAZ.net* 13.03.2012. http://www.faz.net/aktuell/wirtschaft/zu-hohes-haushaltsdefizit-eu-belegt-ungarn-mit-sanktionen-11682955.html, Zugriff am 19.07.2012.

FAZ. 2012 b. „Ungarn und Rumänien. Brüsseler Druckmittel" *FAZ.net* 19.07.2012. http://www.faz.net/aktuell/politik/europaeische-union/ungarn-und-rumaenien-bruesseler-druckmittel-11824549.html, Zugriff am 19.07.2012.

Freedom House. 2011. *Freedom in the World. Country Report Hungary (2011)*, http://www.freedomhouse.org/report/freedom-world/2011/hungary, Zugriff am 6.07.2012.

Freedom House 2012 a. *Freedom in the World 2012*. http://www.freedomhouse.org/sites/default/files/inline_images/FIW%202012%20Booklet--Final.pdf, Zugriff am 6.07.2012.

Freedom House. 2012 b. *Freedom of the Press 2012*, http://www.freedomhouse.org/sites/default/files/Booklet%20for%20Website.pdf, Zugriff am 18.05.2012.

Fuchs, Dieter. 2004. „Konzept und Messung von Demokratie. Eine Replik auf Heidrun Abromeit" *Politische Vierteljahresschrift* 45 (1): 94-106.

Fuchs, Dieter/Edeltraud Roller. 2008. „Die Konzeptualisierung der Qualität von Demokratie. Eine kritische Diskussion aktueller Ansätze." In: André Brodocz/Markus Llanque/Gary Schaal (Hg.) *Bedrohung der Demokratie*. Wiesbaden: VS Verlag für Sozialwissenschaften: 77-96.

Gallie, W.B. 1956. „Essentially Contested Concepts" *Proceedings of the Aristotelian Society* 56: 167-198.

Ganghof, Steffen. 2005. „Kausale Perspektiven in der vergleichenden Politikwissenschaft: X-zentrierte und Y-zentrierte Forschungsdesigns" In: Sabine Kropp/Michael Minkenberg (Hg.) *Vergleichen in der Politikwissenschaft*. Wiesbaden: VS Verlag für Sozialwissenschaften.

Ganghof, Steffen/Christian Stecker. 2009. „Das institutionelle Design parlamentarischer Demokratien: Zum Zusammenspiel von Wahl- und Gesetzgebungssystemen" In: Ganghof, Steffen/Christoph Hönnige/Christian Stecker (Hg.) *Parlamente, Agendasetzung und Vetospieler. Eine Festschrift für Herbert Döring.* Wiesbaden: VS Verlag für Sozialwissenschaften.

Gerring, John and Strom C. Thacker. 2008. *A Centripetal Theory of Democratic Governance.* Cambridge/New York: Cambridge University Press.

Halmai, Gábor. 2011. „Hochproblematisch Ungarns neues Grundgesetz" *Osteuropa* 61 (12): 144-155.

Hebel, Christina. 2012. „Demonstration in Budapest. Zehntausende Ungarn protestieren gegen neue Verfassung" *spiegel online* 3.01.2012, http://www.spiegel.de/politik/ausland/demonstration-in-budapest-zehntausende-ungarn-protestieren-gegen-neue-verfassung-a-806825.html, 18.05.2012.

Holland-Cunz, Barbara. 2010. „Demokratiekritik: Zu Staatsbildern, Politikbegriffen und Demokratieformen." In: Ruth Becker (Hg.). Handbuch Frauen- und Geschlechterforschung: Theorie, Methoden, Empirie, 3. erweiterte Auflage. Wiesbaden: VS Verlag für Sozialwissenschaften: 547-554.

Hüller, Thorsten/Hennig Deters. 2011. „Probleme evaluierender Demokratieforschung." *Zeitschrift für Politikwissenschaft* 21 (2): 201-234.

Ilonszki, Gabriella/ Krisztina Jáger. 2011. „Hungary: changing government advantages - challenging a dominant executive" In: Erik Bjørn Rasch/ George Tsebelis (Hg.) *The Role of Governments in Legislative Agenda Setting.* London: Routledge: 95-110.

Ilonszki, Gabriella/ David M. Olson. 2011. „Questions about Legislative Insitutional Change and Transformation in Eastern and East Central Europe: Beyond the Initial Decade" *The Journal of Legislative Studies* 17 (2): 116-127.

Kaina, Viktoria. 2008. „Die Messbarkeit von Demokratiequalität als ungelöstes Theorieproblem. Zum PVS-Forums-Beitrag von Marc Bühlmann, Wolfgang Merkel, Lisa Müller und Bernhard Weßels." *Politische Vierteljahresschrift* 49 (3): 518-524.

Kiszelly, Zoltán. 2011. „Laboratorium der Politik. Ungarns Parteien und ihre Wähler" *Osteuropa* 61 (12): 167-175.

Kohut, Tamás. 2011. „Ungarn unter Orbán. Chronik eines Systemumbaus" *Osteuropa* 61 (12): 199-204.

Körösényi, András/Gábor G. Fodor. 2004. „Das politische System Ungarns" In: Ismayr, Wolfgang (Hg.) *Die politischen Systeme Osteuropas*, 2.Auflage. Opladen: Leske + Budrich: 323-372.

Küpper, Herbert. 2011. „Mit Mängeln. Ungarns neues Grundgesetz" *Osteuropa* 61 (12): 135-144.

Lang, Kai-Olaf. 2010. „Auf dem Weg in ein neues Ungarn. Innere und außenpolitische Folgen des Machtwechsels in Budapest" *SWP-Aktuell* 43. Berlin: Stiftung Wissenschaft und Politik. http://www.swp-berlin.org/fileadmin/contents/products/aktuell/2010A43_lng_ks.pdf, Zugriff am 20.07. 2012.

Lauth, Hans-Joachim. 2002. „Die empirische Messung demokratischer Grauzonen: Das Problem der Schwellenwertbestimmung." In: Petra Bendel/Aurel Croissant/Friedrich W. Rüb (Hg.). *Zwischen Demokratie und Diktatur. Zur Konzeption und Empirie demokratischer Grauzonen*. Opladen: Leske + Budrich: 119-138.

Lauth, Hans-Joachim. 2004. *Demokratie und Demokratiemessung: eine konzeptionelle Grundlegung für den interkulturellen Vergleich*. Wiesbaden: VS Verlag für Sozialwissenschaften.

Lauth, Hans-Joachim. 2010. „Möglichkeiten und Grenzen der Demokratiemessung" *Zeitschrift für Staats- und Europawissenschaften* (4): 498-529.

Lijphart, Arend. 1992. "Democratization and Constitutional Choices in Czecho-Slovakia, Hungary and Poland 1989-91" *Journal of Theoretical Politics* 3 (4): 207-233.

Lijphart, Arend. 1997. "Unequal Participation: Democracy's Unsolved Dilemma." *American Political Science Review* 91 (1): 1-14.

Lijphart, Arend. 1999. *Patterns of Democracy. Government Forms and Performance in Thirty-Six Countries*. New Haven: Yale University Press.

Linz, Juan J./Alfred C. Stepan. 1996. *Problems of Democratic Transition and Consolidation: Southern Europe, South America and Post-Communist Europe*. Baltimore: The Johns Hopkins University Press.

Locke, John. 1974 (Original: 1689). *Über die Regierung*. Stuttgart: Reclam.

Magyar, Bálint. 2011. „Autokratie in Aktion. Ungarn unter Orbán" *Osteuropa* 61 (12): 89-103.

Manin, Bernhard/Adam Przeworski/Susan Stokes. 1999. „Elections and Representation." In: Adam Przeworski/Susan Stokes/Bernhard Manin (Hg.) *Democracy, Accountability and Representation.* Cambridge: Cambridge University Press: 29-54.

Mansbridge, Jane. 1999. „Should Blacks Represent Blacks and Women Represent Women? A Contingent Yes" *Journal of Politics* 61 (3): 628-657.

Mansbridge, Jane. 2003. „Rethinking Representation" *American Political Science Review* 97 (4): 515-528.

McGann, Anthony J. 2006. *The Logic of Democracy. Reconciling Equality, Deliberation and, Minority Protection.* Ann Arbor: University of Michigan Press.

Merkel, Wolfgang. 1999. „Defekte Demokratien." In: Merkel, Wolfgang/ Andreas Busch (Hg.) *Demokratie in Ost und West.* Frankfurt am Main: Suhrkamp: 361-381.

Merkel, Wolfgang/Hans-Jürgen Puhle/Aurel Croissant/Claudia Eicher/Peter Thiery. 2003. *Defekte Demokratie. Band 1: Theorie.* Opladen: Leske + Budrich.

Merkel, Wolfgang. 2010. *Systemtransformation: Eine Einführung in die Theorie und Empirie der Transformationsforschung.* 2. Auflage. Wiesbaden: VS Verlag für Sozialwissenschaft.

Montesquieu, Charles-Louis de Secondat, Baron de la Brède et de Montesquieu. 1965 (Original: 1748). *Vom Geist der Gesetze.* Stuttgart: Reclam.

Müller, Thomas/Susanne Pickel. 2007. „Wie lässt sich Demokratie am besten messen? Zur Konzeptqualität von Demokratie-Indizes." *Politische Vierteljahresschrift* 48 (3): 511-539.

Munck, Gerardo L./Jay Verkuilen. 2002. „Conceptualizing and Measuring Democracy: Evaluating Alternative Indices" *Comparative Political Studies* 35 (1): 5-34.

Nohlen, Dieter/ Mirjana Kasapović. 1996. *Wahlsysteme und Systemwechsel in Osteuropa. Genese, Auswirkungen und Reform politischer Institutionen.* Opladen: Leske + Budrich.

Nyman-Metcalf, Katrin. 2011. *Analysis of the Hungarian Media Legislation.* Office of the OSCE Representative on Freedom of the Media, 28. Februar 2011. http://www.osce.org/fom/75990, Zugriff am 9.07.2012.

O'Donnell, Guillermo. 2004. „Delegative Democracy" *Journal of Democracy* 5 (1): 55-70.

Offe, Claus. 1991. „Das Dilemma der Gleichzeitigkeit. Demokratisierung und Marktwirtschaft in Osteuropa" *Merkur* (45): 279-292.

Offe, Claus. 1994. *Der Tunnel am Ende des Lichts: Erkundungen der politischen Transformation im Neuen Osten* . Frankfurt am Main: Campus-Verlag.

Pester Lloyd. 2011 a. „Legislative Landnahme: Ungarn wird von einer Gesetzesflut überspült" *Pester Lloyd online* 21.12.2011. http://www.pesterlloyd.net/2011_51/51gesetzesflut/51gesetzesflut.html, Zugriff am 4.07.2012.

Pester Lloyd. 2011 b. „Superbrutto in Ungarn bleibt auch 2012" *Pester Lloyd online* 16.05.2011. http://www.pesterlloyd.net/2011_20/20superbrutto/20superbrutto.html, Zugriff am 20.07.2012.

Pester Lloyd. 2012 a. „Rückenschmerzen: Ex-Präsident László Sólyom warnt vor legislativer Dysfunktion in Ungarn" *Pester Lloyd online* 12.01.2012. http://www.pesterlloyd.net/2012_02/02solyom/02solyom.html, Zugriff am 4.07.2012.

Pester Lloyd. 2012 b. „Steigende Arbeitslosenzahlen in Ungarn, Regierung jubelt trotzdem" *Pester Lloyd online.* 30.03.2012. http://www.pesterlloyd.net/html/1213arbeitslose.html, Zugriff am 18.07.2012.

Pester Lloyd. 2012 c. „Versteuert. Die „Flat tax" als Beispiel des Versagens der Regierung in Ungarn" *Pester Lloyd online* 3.01.2012. http://www.pesterlloyd.net/2012_01/01versteuert/01versteuert.html, Zugriff a, 18.07.2012.

Pester Lloyd. 2012 d. „Tod dem Hühnerdieb… Das neue Strafrecht in Ungarn als Instrument der Politik" *Pester Lloyd online* 27.06.2012. http://www.pesterlloyd.net/html/1226neuesstrafrecht.html, Zugriff am 4.04.2012.

Pester Lloyd. 2012 e. „10 Punkte und ein großes Fragezeichen. Ungarn legt Programm zur Schaffung von Arbeitsplätzen bei KMU auf" *Pester Lloyd online* 11.07.2012. http://www.pesterlloyd.net/html/122810punktehu.html, Zugriff am 19.07.2012.

Pester Lloyd. 2012 f. „Ökonomische Irrfahrten. Ungarn und die Renaissance der Planwirtschaft" *Pester Lloyd online* 9.05.2012. http://www.pesterlloyd.net/html/1219planwirtschaft.html, Zugriff am 19.07.2012.

Pester Lloyd. 2012 g. „Ungerecht und amateurhaft. Wie die Finanztransaktionssteuer in Ungarn pervertiert wird" *Pester Lloyd online* 11.07.2012. http://www.pesterlloyd.net/html/1228transaktionssteuerhu.html, Zugriff am 19.07.2012.

Pester Lloyd. 2012 h. „Freund und Feind. Heikle Verhandlungen Ungarn – IWF gestartet" *Pester Lloyd online* 18.07.2012. http://www.pesterlloyd.net/html/1229iwfverhandlungsstart.html, Zugriff am 19.07.2012.

Pester Lloyd. 2012 i. „Blinde-Kuh-Politik. EU – Ungarn: Hauptsache die Zinsen können bezahlt werden" *Pester Lloyd online* 31.05.2012. http://www.pesterlloyd.net/html/1222blindekuheu.html, Zugriff am 19.07.2012.

Pester Lloyd. 2012 j. „Unter Orbán. János Ader wird der nächste Präsident von Ungarn - Regierungsumbildung erwartet" *Pester Lloyd online* 17.04.2012. http://www.pesterlloyd.net/html/1216presidentader2.html, Zugriff am 20.07.2012.

Pickel, Susanne/ Gert Pickel. 2006. *Politische Kultur- und Demokratieforschung: Grundbegriffe, Theorien und Methoden. Eine Einführung.* Wiesbaden: VS Verlag für Sozialwissenschaften.

Powell, G. Bingham. 2000. *Elections as Instruments of Democracy: Majoritarian and Proportional Visions.* New Haven: Yale University Press.

Powell, G. Bingham. 2004. „Political representation in comparative politics" *Annual Review of Political Science* 7: 273-296.
Richter, Sándor. 2011. „Im Würgegriff des Populismus. Ungarns Volkswirtschaft" *Osteuropa* 61 (12): 213-223.

Sapper, Manfred/ Volker Weichsel. 2011. "Quo vadis, Hungary?" *Osteuropa* 61 (12): 7-8.

Saward, Michael. 1998. *The terms of democracy.* Cambridge: Polity Press.

Sartori, Giovanni. 2006. *Demokratietheorie,* 3.Auflage. Darmstadt: Wissenschaftliche Buchgesellschaft.

Schmidt, Manfred. 2006. *Demokratietheorien. Eine Einführung,* 3.Auflage. Wiesbaden: VS Verlag für Sozialwissenschaften.

Schultze, Martin. 2010. *Demokratiemessung und defekte Demokratien.* Marburg: Tectum Verlag.

Stiglitz, Joseph E. 1999. „On Liberty, the Right to Know, and Public Discourse: The Role of Transparency in Public Life" *Oxford Amnesty Lecture,* January 27. 1999, http://derechoasaber.org/documentos/pdf0116.pdf, Zugriff am 15.05.2012

Stoiber, Michael. 2008. „Ein neues, kontextualisiertes Maß für Demokratie – Konzeptualisierung und Operationalisierung" *Zeitschrift für Politikwissenschaft* 18 (2): 209-231.

Szabó, Máté/ Lux, Ágnes. 2011. „Die ungarischen Parlamentswahlen 2010: Zweidrittelmehrheit, neuformiertes Parteiensystem, Konsequenzen für die Politische Kultur" *Zeitschrift für Parlamentsfragen* (1): 131-147.

Talmon, Jacob Leib. 1960. *The Origins of Totalitarian Democracy.* New York: Frederik A. Praeger.

Teorell, Jan/Paul Sum/Mette Tobiasen. 2007. „Participation and political equality. An assessment of large-scale democracy." In.: Jan W. van Deth/José Ramon Montero/Anders Westholm (Hg.) *Citizenship and Involvement in European Democracies. A comparative analysis.* London: Routledge: 384-414.

Tocqueville, Alexis de. 1888. *De la démocratie en Amérique.* Paris: C. Lévy .

Tsebelis, George/ Bjørn Erik Rasch. 2011. „Governments and legislative agenda setting: an introduction." In: Bjørn Erik Rasch/ George Tsebelis (Hg.) *The Role of Governments in Legislative Agenda Setting.* London: Routledge: 1-20.

Venice Commission (European Commission for Democracy through Law). 2011 a. *Opinion on Three Legal Questions Arising in the Process of Drafting the New Constitution of Hungary.* Strabourg, 28. März 2011. http://www.venice.coe.int/docs/2011/CDL-AD(2011)001-e.pdf, Zugriff am 9.07.2012.

Venice Commission (European Commission for Democracy through Law). 2011 b. *Opinion on the New Constitution of Hungary.* Strasbourg, 20. Juni 2011. http://www.venice.coe.int/docs/2011/CDL-AD(2011)016-e.pdf, Zugriff am 9.07.2012.

Alte Verfassung. 1989. *„Verfassung der Republik Ungarn"* http://www.verfassungen.eu/hu/verf49-89-i.htm, Zugriff am 17.07. 2012.

Neue Verfassung. 2011. *„Grundgesetz Ungarns"* 25.April 2011. http://confinder.richmond.edu/, Zugriff am 3.04.2012.

Vossenkuhl, Wilhelm. 1997. „Gleichheit." In: Höffe, Ottfried (Hg.) *Lexikon der Ethik.* München: Beck: 108-110.

Wolbrecht, Christina/David E. Campbell. 2007. „Leading by Examples: Female Members of Parliament as Political Role Models" *American Journal of Political Science* 51: 921-939.

Zeit Online. 2012. "Wahl. János Áder ist neuer Präsident Ungarns" *Zeit Online* 2.05.2012. http://www.zeit.de/politik/ausland/2012-05/ungarn-praesident-ader, Zugriff am 18.07.2012.

Zubek, Radoslaw. 2011. „Negative Agenda Control and Executive-Legislative Relations in East Central Europe, 1997-2008" *The Journal of Legislative Studies* 17 (2): 172-192.